Texto de
YUVAL NOAH HARARI

IMPLACÁVEIS
POR QUE O MUNDO NÃO É JUSTO

VOLUME 2

Ilustrações
RICARD ZAPLANA RUIZ

Tradução
LAURA TEIXEIRA MOTTA

10 mil anos atrás
Domesticação de trigo, arroz e batatas. Domesticação de ovelhas, porcos, vacas e gatos.

13 mil anos atrás
Primeiras evidências de guerras

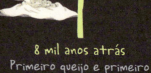

8 mil anos atrás
Primeiro queijo e primeiro canal de irrigação

15 mil anos atrás
Primeiro povoado agricultor no Oriente Médio

5500 anos atrás
Primeiras grandes cidades

25 mil anos atrás
Lobos selvagens tornam-se cães domesticados

4300 anos atrás
Primeira poeta conhecida, Enreduana, e primeiro cabeleireiro conhecido, Ilum-Palili

4500 anos atrás
Primeira escola na Suméria

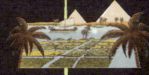

4 mil anos atrás
Egípcios cavam um grande canal do rio Nilo até a Cidade Crocodilo

5 mil anos atrás
Unificação do Egito e primeiro faraó

3300 anos atrás
Primeira epidemia registrada

5200 anos atrás
Invenção da escrita na Suméria

LINHA DO TEMPO DA HISTÓRIA

Copyright © 2023 by Yuval Noah Harari
Todos os direitos reservados.

Grafia atualizada segundo o Acordo Ortográfico da Língua Portuguesa de 1990,
que entrou em vigor no Brasil em 2009.

Autor: Yuval Noah Harari
Ilustrador: Ricard Zaplana Ruiz
C.H. Beck & dtv: Editores: Susanne Stark e Sebastian Ullrich

Sapienship Storytelling
Produção e gerenciamento: Itzik Yahav
Gerenciamento e edição: Naama Avital
Marketing e assessoria: Naama Wartenburg
Edição e gerenciamento de projetos: Ariel Retik e Nina Zivy
Assistentes de pesquisa: Jason Parry, Jim Clarke, Zichan Wang, Corrine de Lacroix e Dor Shilton
Copidesque: Adriana Hunter
Consulta de diversidade: Slava Greenberg
Design: Hanna Shapiro
www.sapienship.co

Título original: *Unstoppable Us: Why the World Isn't Fair* (*vol. 2*)
Ilustração de capa: Ricard Zaplana Ruiz
Preparação: Marina Munhoz
Revisão: Bonie Santos e Renata Lopes Del Nero
Composição: Mauricio Nisi Gonçalves

Dados Internacionais de Catalogação na Publicação (CIP)
(Câmara Brasileira do Livro, SP, Brasil)

Harari, Yuval Noah
    Implacáveis : por que o mundo não é justo : volume 2 /
Yuval Noah Harari ; ilustrações Ricard Zaplana Ruiz ; tradução
Laura Teixeira Motta. — 1ª ed. — São Paulo : Companhia das
Letrinhas, 2024.

    Título original: Unstoppable Us: Why the World Isn't Fair
    ISBN 978-65-5485-030-8

    1. Ecologia humana — Literatura infantojuvenil 2. Evolução
humana — Literatura infantojuvenil 3. Homem — Origem —
Literatura infantojuvenil I. Ruiz, Ricard Zaplana. II. Título.

23-187147   CDD-028.5

Índices para catálogo sistemático:

1. Homem : Origem e evolução : Literatura infantil 028.5
2. Homem : Origem e evolução : Literatura infantojuvenil 028.5

Cibele Maria Dias — Bibliotecária — CRB-8/9427

Todos os direitos desta edição, incluindo o direito de reprodução
total ou parcial sob qualquer formato, reservados à
EDITORA SCHWARCZ S.A.
Rua Bandeira Paulista, 702, cj. 32
04532-002 — São Paulo — SP — Brasil
☎ (11) 3707-3500
✉ www.companhiadasletrinhas.com.br
✉ www.blogdacompanhia.com.br
f /companhiadasletrinhas
@ @companhiadasletrinhas
▶ /CanalLetrinhaZ

*Para todos os seres: aqueles que já se foram,
aqueles que estão vivos e aqueles que ainda virão.
Nossos ancestrais fizeram do mundo o que ele é.
Cabe a nós decidir o que ele se tornará.*

SUMÁRIO

NÃO É JUSTO 8

1: TUDO SOB CONTROLE 11

2: EPA! ISSO NÃO ESTAVA PREVISTO 51

3: COISAS QUE ASSUSTAM OS ADULTOS 77

4: OS SONHOS DOS MORTOS 115

Agradecimentos 160

Sobre este livro 161

Mapa-múndi da história 162

NÃO É JUSTO

"Não é justo!"

Quantas vezes você já ouviu isso? Quantas vezes você *disse* isso? É provável que muitas.

Algumas pessoas são incrivelmente ricas. Vivem num palácio com piscina, voam em um jatinho particular e nunca lavam a louça nem arrumam o quarto — porque têm empregados para fazer isso. Outras são muito pobres. Moram num casebre sem banheiro, esperam o ônibus na chuva e trabalham lavando a louça de outras pessoas.

Algumas são poderosas de verdade. Criam as regras, fazem grandes discursos e dizem a todos como agir. Outras têm muito menos poder. Precisam seguir as regras, batem palmas quando o líder fala e obedecem ao que lhes é dito. Isso é justo?

"O que você vai ser quando crescer?" é uma pergunta que as crianças ouvem bastante. Só que, em diversos países, algumas crianças não têm sequer possibilidade de escolha. Podem até querer ser presidentes, mas, se nasceram em uma família pobre, o mais perto que vão conseguir chegar do palácio presidencial é quando forem varrer a rua em frente ao portão.

Foi sempre assim? Os humanos sempre foram divididos em ricos e pobres, patrões e empregados?

Alguns dizem que essa é a ordem natural do mundo. Por toda parte vemos os fortes governando e os fracos tendo que obedecer. Filmes e videogames sobre o passado também são cheios de reis e princesas que moram em castelos enormes, governam reinos imensos e dão ordens a milhões de pessoas.

Na verdade, no começo da humanidade não existiam reis nem reinos, certamente não com milhões de habitantes. Até mais ou menos 10 mil anos atrás, os humanos viviam em pequenos bandos e tribos de no máximo alguns milhares de pessoas.

Claro que mesmo naquele tempo muitas vezes havia alguém que desejava ser chefe e mandar em todo mundo. Mas nem o maior dos chefes tinha grandes poderes. Não existia gente suficiente para construir castelos enormes e conquistar vastos reinos. E se um chefe se tornasse muito mandão e detestável, os outros à volta dele normalmente podiam ir embora e deixar o valentão sozinho.

Mas há 10 mil anos aconteceu uma coisa muito estranha que mudou tudo. Uma coisa que foi tirando o poder de milhões de humanos e permitiu que alguns poucos indivíduos ambiciosos governassem todos os outros.

O que exatamente aconteceu 10 mil anos atrás e como isso permitiu que algumas pessoas controlassem todo mundo? Por que milhões concordaram em obedecer a uns poucos líderes? E de onde vieram os reis e os reinos?

A resposta é uma das histórias mais estranhas que você vai ouvir na vida.

E é uma história verdadeira.

1

TUDO SOB CONTROLE

NÃO ME DIGA O QUE FAZER

Nossa história começa por volta de 10 mil anos atrás, no Oriente Médio. Naquela época, lá, como em todo o resto do mundo, os humanos eram caçadores-coletores. Caçavam carneiros, gazelas, coelhos e patos selvagens. Coletavam trigo, cebola, lentilha e figo — plantas que encontravam na natureza. No litoral, nos lagos e nos rios, pescavam peixes e apanhavam caranguejos e ostras.

Os humanos já eram os animais mais poderosos de todos. Porém não tentavam controlar ninguém. Coletavam plantas, mas não controlavam onde elas cresciam. Caçavam animais, mas não controlavam aonde eles iam.

A vida nem sempre era agradável. Ainda havia alguns animais perigosos à solta — cobras, por exemplo —, e vários tipos de desastres naturais podiam acontecer, como tempestades de neve e ondas de calor. De vez em quando também ocorriam brigas entre vizinhos — sempre houve pessoas ruins umas para as outras ao longo da história.

Mas grande parte do tempo a maioria tinha o que comer e bastante tempo livre para contar histórias de fantasmas, tirar sonecas no acampamento ou visitar vizinhos para curtir algum festival.

Guerras eram raras. Pestes eram raras. E morrer de fome era raro.

Quando as gazelas migravam para outro lugar, ou quando não havia mais figos maduros por perto, as pessoas mudavam seu acampamento para outra região, seguindo as gazelas e os figos.

A PLANTA QUE MUDOU O MUNDO

Mas, em alguns lugares especiais, havia tanto alimento que as pessoas raramente precisavam mudar seus acampamentos. Podiam ficar durante o ano todo. Esses lugares especiais eram ricos em plantas extraordinárias. Não eram plantas grandes nem bonitas, mas começaram toda a nossa história e mudaram o mundo. **Estamos falando dos cereais.**

É provável que você coma cereais todos os dias. Trigo, cevada, arroz e milho são cereais. Pães, biscoitos, bolos e massas são feitos a partir de cereais. E há também os cereais matinais, que vêm numa caixa e você come com leite. Mas até uns 10 mil anos atrás os humanos raramente comiam cereais.

Os cereais não eram comuns. O trigo, por exemplo, não crescia nas Américas, na China nem na Austrália. **Só algumas regiões do Oriente Médio tinham trigo**, e mesmo lá não existiam grandes concentrações. Alguns pés cresciam num morro aqui, outros numa colina acolá. Assim, mesmo no Oriente Médio, a maioria dos bandos de coletores quase não ligava para os cereais... mas alguns, sim.

Não sabemos ao certo quando e onde alguns humanos começaram a se interessar pelos cereais, mas podemos tentar imaginar. Talvez um dia uma menina de um bando que andava à procura de todos os tipos de plantas e animais tenha encontrado uma menina de um bando que passava a maior parte do tempo num lugar só e coletava bastante trigo.

— Oi! — disse a primeira menina. — Me chamam de Andita, porque eu amo andar por toda parte! Qual é o seu nome?

— Me chamam de Triguita, porque eu adoro trigo!

— Trigo? Ah, eu nem ligo para isso. Mesmo que a gente fique o dia todo procurando trigo, nunca é o bastante. De qualquer forma, os grãos são duros demais. A única vez em que encontrei um monte de trigo, quebrei um dente, tive uma dor

de cabeça horrível de tanto mastigar e meu estômago doeu por três dias!

— Não é assim que funciona! — Triguita explicou. — **Não dá para comer os grãos desse jeito!** Você precisa levar para o acampamento, tirar a casca e moer. Depois é só misturar esse pó com água, colocar numa pedra achatada perto da fogueira e esperar. Pronto, pão quentinho! E nada de dente quebrado, dor de cabeça ou estômago ruim!

— Que trabalhão! — Andita se espantou. — Prefiro comer figo e peixe mesmo.

— Bom, é difícil — concordou Triguita. — Mas o trigo tem uma grande vantagem em relação a figo e peixe.

— E o que é que essa coisinha seca tem de tão legal?

— É que, se os figos suculentos e os peixes não forem desidratados ou defumados cuidadosamente, eles apodrecem rápido. Já tentou comer um peixe que você pescou três dias atrás?

— Eca, que nojo!

— Pois é! **Com os grãos é diferente. Podemos guardar grãos por meses sem nenhum problema.** Na época da colheita, nosso bando colhe o máximo possível de grãos e estoca no acampamento. Quando não estamos colhendo, caçamos e coletamos uma porção de outras coisas, como vocês fazem. Apanhamos figos, por exemplo, e até caçamos gazelas. Mas às vezes não há nada para caçar ou coletar.

— Aí vocês se mudam para outro vale, certo?

— Não! Voltamos para o acampamento, pegamos alguns grãos armazenados, moemos e fazemos pão ou mingau. Se juntarmos uma boa quantidade de grãos na época da colheita, podemos ficar no acampamento o ano todo!

CINCO CHAPÉUS PARA UMA CABEÇA

Foi assim que os comedores de cereal estabeleceram povoados permanentes no Oriente Médio mais de 10 mil anos atrás. Se armazenassem grãos de cereal o suficiente, não precisariam se mudar muito. Com o tempo, mudar o acampamento de lugar ficou mais difícil, pois as pessoas acumulavam um montão de coisas nos povoados. A maioria dos coletores tinha poucos pertences, então, quando decidiam partir, só tinham que sair andando. Já para os comedores de cereal, uma mudança não era tão fácil.

— Andita, onde vocês dormem? — perguntou Triguita.

— Ora, quando montamos acampamento, pegamos uns bambus e uns galhos e fazemos uma cabana. Leva mais ou menos uma hora — Andita explicou.

— Acampamento?! Não temos mais apenas isso — Triguita contou, toda orgulhosa. — Temos um povoado! Com casas! Juntamos pedras, cortamos troncos de árvore, fazemos tijolos de barro e construímos uma casa de verdade. Como ficamos no mesmo lugar o ano inteiro, vale a pena. Ainda mais durante tempestades.

— Ai, eu odeio tempestades! — Andita exclamou. — Às vezes encontramos uma caverna para nos esconder, mas quase

sempre o jeito é nos amontoarmos debaixo de uma árvore, ensopados e com frio, até a tempestade passar.

— Pois eu nem ligo para tempestades! Fico quentinha na minha cama, só ouvindo o barulho dos pingos no telhado e o vento sacudindo a porta.

— Uau! Eu adoraria uma casa assim... Mas como vocês fazem quando querem se mudar para outro lugar? Como levam a casa?

— Não mudamos. Por que mudar? Deu um trabalhão construir nossas casas. E os nossos grãos? Se nos mudássemos, não poderíamos carregar os depósitos de grãos, certo?

— É, acho que não — Andita concordou. — Já acho difícil carregar minha bolsinha de couro com facas e agulhas.

— Vocês só têm facas e agulhas? Nós temos muuuitas ferramentas. Foices de sílex para colher os grãos, pilões para moê-los e até fornos para cozinhar e assar alimentos. Se nos mudássemos, teríamos que deixar tudo isso para trás.

— Nossa, quantas coisas vocês têm!

— Ah, e temos mais, muito mais! — contou Triguita. — A gente tem um montão de outras coisas. Ontem, por exemplo, achei essa linda pedra brilhante e levei para casa. Outro dia nosso bando caçou um cervo com uma galhada enorme, então a penduramos

na parede. Ficou legal! E podemos pendurar todos os nossos casacos e chapéus nela!

— Chapéus? Você tem mais de um?

— Claro! Tenho o meu velho chapéu de dentes de raposa, o novo de cauda de lobo, um de pele de urso e dois lindos de palha com flores!

— Para quê tantos chapéus? Você só tem uma cabeça!

Às vezes Triguita e seu bando olhavam para as coisas que possuíam e se achavam incríveis. Mas nem sempre.

— Sabe de uma coisa? — diria o resmungão do povoado. — Não gosto mais deste lugar apertado e sujo. É tão barulhento! Tem muita gente. E não aguento mais comer pão e mingau. Todo dia mingau! Quero figos e filé de gazela. Sem contar que ontem à noite alguém estava com diarreia e foi fazer cocô bem atrás da minha casa. Acredita?! Já chega! Vamos para outro lugar!

— Pois é — as pessoas concordavam. — Mas e as nossas coisas? E todos aqueles grãos armazenados? Trabalhamos tanto para juntá-los! E se um dia não conseguirmos encontrar figos nem gazelas? Ah, não, vamos ficar por aqui mesmo!

IDEIA DE PREGUIÇOSO

Grãos de trigo são bem pequenos. Por isso, toda vez que Triguita e os outros comedores de cereal colhiam trigo e carregavam para o povoado, alguns grãozinhos caíam pelo caminho. Você fica chateado quando perde alguma coisa, não é? Seu celular, por exemplo. Talvez perca um tempão procurando por ele. Mas nossos ancestrais nem notavam quando perdiam alguns grãos de trigo, e com certeza não se davam ao trabalho de procurar por eles. Não achavam importante.

Só que isso era muito importante, sim.

Quando você perde o celular, ele não cresce e vira uma árvore de celulares. Porém, quando alguém perdia grãos de trigo, eles cresciam e viravam novos pés de trigo. Foi por isso que começou a crescer cada vez mais trigo pelas trilhas por onde as pessoas andavam e ao redor das cidades onde elas viviam.

Então os moradores do povoado tiveram uma ideia: armazenar bastante trigo era bom, mas eles não gostavam muito de subir morros para colher os grãos e carregá-los até o depósito. Era mais difícil e mais chato do que pescar no rio ou escalar as árvores para roubar ovos dos pássaros. Além disso, nos anos de seca, crescia pouco trigo nas colinas. Então as pessoas começaram a procurar formas de facilitar a vida — ou seja, ter muitos grãos sem ter de trabalhar tanto.

Pode ser que alguém, talvez o morador mais preguiçoso do povoado, tenha pensado em uma solução superinteligente.

— Pessoal, por que subir morros para colher uns grãozinhos aqui e ali? Não seria bem mais fácil se pudéssemos controlar onde o trigo cresce? Já repararam como cresce mais trigo nas trilhas que usamos?

— Claro — disseram alguns. — É porque você é um preguiçoso que não pega os grãos que deixa cair pelo caminho!

— Mas isso não é ruim! — protestou Preguiça. — A vida não fica mais fácil quando cresce trigo nas nossas trilhas? Nem precisamos procurar! Daí eu pensei: será que existe algum jeito de fazermos o trigo crescer bem perto do povoado?

— Mas como?

— Os pés de trigo crescem a partir dos grãos de trigo, certo? Então eu pensei que, em vez de perdermos uns grãos sem querer, talvez pudéssemos espalhar alguns de propósito em volta do povoado. Cada grão vai virar uma planta com dez grãos. Teríamos dez vezes mais grãos, crescendo pertinho do povoado, e não num morro distante!

— Que ideia boba! — disse um homem que gostava muito de comer pão e mingau. — Jogar comida fora em vez de comer? Nunca ouvi falar numa coisa dessas.

— Não seria jogar fora — Preguiça explicou pacientemente. — Seria investir. Os grãos que espalhássemos hoje renderiam mais comida para o povoado no ano seguinte.

— Não vai dar certo — comentou uma anciã sábia. — Há árvores e arbustos em volta do povoado que não deixariam o trigo pegar sol. Além disso, árvores têm raízes grandes que sugam toda a água e os nutrientes do solo. Você sabe que o trigo não cresce bem em florestas, Preguiça. Se espalharmos grãos no meio de árvores e arbustos, não vai crescer muito trigo.

— Mas e se a gente primeiro queimasse as árvores e os arbustos e depois espalhasse os grãos? — sugeriu o homem mais esperto do povoado. — Aí o trigo não competiria com outras plantas. Em alguns meses teríamos um montão de trigo sem precisar andar muito para colher!

Era uma ideia totalmente nova. Significava controlar onde o trigo cresceria — e também controlar onde as árvores e os arbustos *não* cresceriam. Significava tentar controlar outros seres vivos.

Alguns ficaram incomodados e disseram que era uma ideia ruim.

— Não se deve dizer aos outros seres como viver. O trigo não nos diz o que fazer, então por que deveríamos tentar controlar o trigo?

Mas outros gostaram.

— Por que não? — comentaram. — Claro que não vamos controlar os grandes cervos ou os leões ferozes. Mas o trigo é só uma plantinha boba. Nós, humanos, somos muito mais inteligentes.

Então discutiram sobre o assunto. Discutiram. Discutiram. E não conseguiram decidir o que fazer.

MAU PRESSENTIMENTO

Talvez então eles tenham concordado em perguntar aos espíritos o que achavam. Naquela época, as pessoas acreditavam que o mundo era cheio de vários tipos de espíritos. Pensavam que alguns viviam em cavernas e outros no céu, nas árvores ou em plantinhas como o trigo. Antes de tomar uma decisão importante, era sempre bom conversar com os espíritos. Por isso, uma das pessoas mais importantes do bando era o especialista em espíritos. **Todo mundo acreditava que essa pessoa podia conversar com os espíritos**, fazer perguntas e ouvir suas respostas.

O especialista foi para o fundo de uma caverna sagrada e passou sete dias e noites por lá, sem comer nada, pedindo conselho aos espíritos. Por fim, saiu e anunciou:

— O espírito do trigo apareceu e me disse que devemos desistir da ideia. **Vocês querem começar a queimar árvores e dizer aos outros seres o que fazer?** Que coisa horrorosa!

Então eles desistiram.

Mas pode ser que, algum tempo depois — quem sabe uns 99 anos —, alguém do povoado tenha retomado essa ideia. Talvez porque estivessem com falta de outros alimentos, ou quisessem dar uma festa bem grande e precisassem de bastante comida para os convidados. Então mais uma vez eles discutiram, discutiram, até que o especialista em espíritos entrou em uma caverna. Só que dessa vez ele saiu e anunciou:

— O espírito do trigo apareceu e me disse que é uma ideia maravilhosa os humanos inteligentes ajudarem o pobre trigo. O trigo não vai se importar. Vai até ficar bem feliz com a nossa ajuda.

Pode ser que o especialista em espíritos tenha pensado que tinha mesmo encontrado o espírito do trigo e ouvido aquilo. Talvez estivesse com tanta fome que tenha começado a imaginar coisas. Ou talvez não tenha ouvido nada e simplesmente quisesse apoiar a ideia. Seja como for, as pessoas tiveram sua resposta, queimaram a mata vizinha e **espalharam grãos de trigo em volta do povoado**.

Deu certo. Alguns meses depois, havia muitos pés de trigo crescendo bem pertinho de casa. Então quase todos concordaram que a ideia era boa... menos uma anciã que achava ruim que os humanos controlassem onde o trigo crescia.

— Tenho um mau pressentimento. Acho que vamos nos arrepender.

Mas ninguém prestou atenção nela.

UM PROBLEMINHA

O pessoal do povoado ficou feliz com a nova invenção e até a espalhou para outros povos. Mas depois de um tempo — talvez uns 199 anos — os resmungões resmungaram e os preguiçosos reclamaram.

— Temos um problema — disseram. — Espalhar grãos no chão é muito ineficiente! A maioria nem brota, porque os pardais, os esquilos e as formigas comem tudo, ou porque o sol forte estraga os grãos. Estamos fazendo isso só para alimentar esquilos?

Então todos se reuniram e tiveram uma nova ideia.

— Com certeza somos inteligentes o bastante para ajudar o pobre trigo. Em vez de apenas jogar grãos sobre a terra, **podemos cavar buraquinhos e depositar os grãos lá dentro**. Aí eles ficariam escondidos dos pardais, dos esquilos, das formigas e do sol forte.

— Seria muito mais eficiente!

O pessoal bateu palmas de alegria.

— Isso mesmo — concordou o especialista em espíritos, ao perceber que a maioria dos moradores tinha gostado da ideia. — Nós, humanos, devemos ter mais controle sobre o trigo. Os espíritos aprovam.

E todos ficaram contentes, porque teriam ainda mais grãos...

As pessoas começaram a fazer buracos na terra e depositar os grãos lá dentro. E para serem ainda mais eficientes, **inventaram uma ferramenta especial**: prenderam uma

pedra afiada na ponta de um pedaço de pau comprido e reto... e criaram a primeira enxada! E como as enxadas se quebravam quando atingiam uma pedra, as pessoas removiam todas as pedras dos campos antes de começarem a cavar. Era um trabalho árduo, mas parecia compensar. Depois de tirar aquele montão de pedras e cavar aquele montão de buracos, os grãos ficavam mais protegidos das pragas e do sol. Crescia ainda mais trigo em volta do povoado, e essas novas ideias se espalharam para outros povoados e foram copiadas.

CAVANDO VALAS

Mas em certo momento — talvez depois de uns 999 anos — alguns começaram a reclamar. Talvez esse povoado ficasse em uma área muito seca.

— Temos um problema — disseram. — Trabalhamos duro tirando as pedras, cavando e semeando... mas mesmo assim uma porção de grãos não brota! Não recebem água suficiente.

Por que tanto trabalho se as plantas morrem de sede?

Então todo mundo pensou muito sobre o assunto. Os moradores mais inteligentes ficaram carecas de tanto pensar, e o especialista em espíritos foi falar com todos os espíritos que ele conhecia. No fim, foi justamente o preguiçoso do povoado quem disse:

— Olha só, dá para ser mais eficiente. **Se depois de cavar os buracos e semear os grãos a gente der um pouco de água para eles, o resultado vai ser sensacional!** Podemos carregar água do rio em sacos de pele.

Foi uma surpresa: logo o Preguiça sugerindo *mais* trabalho! Mas a ideia parecia boa, então as pessoas começaram a trazer água para a plantação de trigo.

Dessa vez demorou só um ano e três meses até todo mundo começar a ficar bravo e reclamar.

— Estamos cansados de carregar água o dia todo! — gritavam.

Preguiça berrou mais alto:

— Não era isso que eu imaginava! — exclamou. — É muito trabalhoso. Nunca mais vou sugerir nada!

— Hum... — murmurou o especialista em espíritos. — Acho que eu tive uma ideia... E se a gente cavar uma vala? Assim **a água correrá sozinha do rio até a plantação**. Cavar a vala será um esforço enorme, mas quando ela ficar pronta nunca mais vamos ter de carregar água!

Agora as pessoas estavam tentando controlar várias coisas diferentes: onde o trigo crescia no solo, a localização das árvores e das pedras, os pardais e os esquilos e por onde a água corria. Cada vez mais trigo crescia em volta do povoado. Não demorou para que outros povoados naquela terra seca ficassem atarefados cavando valas de irrigação.

Havia mais um problema. Dessa vez a culpa era das nuvens.

PROBLEMAS COM AS NUVENS

Em certos anos, as coisas iam muito bem para o povoado... Toneladas de trigo cresciam ao redor, e as pessoas tinham comida de sobra. Mas havia anos ruins. Se uma menina do povoado encontrasse uma menina de um bando que vivia em movimento, poderia contar uma porção de novas histórias de arrepiar os cabelos.

— Oi! Me chamam de Andorinha, porque gosto de ir de um lado para o outro o tempo todo. Quem é você?

— Me chamam de Triguita, nome da minha tataravó. Moro no povoado.

— Como é a vida no povoado? — perguntou Andorinha.

— Não muito boa. Este ano tivemos mais trigo do que nunca, foi ótimo! Mas dois meses atrás notei um pontinho marrom em um dos caules.

— Um pontinho marrom? Mas isso não significa nada, não é? — Andorinha estranhou.

— Bom, foi o que eu pensei — Triguita respondeu. — Mas uma semana depois tinha pontinhos em muitos caules. Contei para os meus pais, mas eles não sabiam o que fazer. Na semana seguinte, os pontinhos tinham se espalhado por toda a plantação! Quase todo o nosso trigo morreu! Agora temos pouca comida, então vim até aqui para procurar cogumelos e frutas. Estou com muita fome!

— Esse problema dos pontinhos marrons acontece bastante?

— Não — Triguita explicou. — Foi a primeira vez. Mas outras coisas acontecem. Três anos atrás, por exemplo, quando o trigo estava quase pronto para ser colhido, acordei de manhã com um barulho esquisito. Eu nunca tinha ouvido aquilo. Um... um zumbido terrível! Saí de casa e quase não dava para ver o sol. **Nuvens de gafanhotos cobriam tudo!** Tentamos espantá-los gritando, batendo palmas... mas eles não paravam de chegar. Comeram quase todo o nosso trigo. Aquele foi um ano muito ruim!

— Que horror! — Andorinha exclamou.

— Bom, mas só aconteceu uma vez. Pelo menos eu só vi uma. Meu avô disse que acontece mais ou menos a cada vinte anos. Mas o vovô gosta de contar histórias assustadoras, então não sei se dá para acreditar. Mas tem coisa pior do que pontinhos marrons e gafanhotos, sabia? É quando as nuvens não vêm. Aí não chove, o rio praticamente seca, e **a vala de irrigação fica sem água**. A gente corre tentando levar um pouco de água para as plantações, mas não adianta. Cresce bem pouco trigo, e a gente fica quase sem comida.

Os moradores do povoado tinham um problemão: nos anos bons, todos comiam bem, mas as pessoas passavam fome quando havia doenças, gafanhotos ou secas, e não podiam se mudar para outro vale como os coletores.

Por isso, procuraram o especialista em espíritos e pediram conselhos. Lá se foi o especialista em espíritos para dentro da caverna por sete dias, depois mais sete, e mais sete, até que finalmente saiu com uma resposta. Quando Triguita encontrou Andorinha, tinha uma grande notícia para dar...

UMA CASA PARA OS DEUSES

— Resolvemos! — Triguita contou toda feliz.

— O quê? Aqueles problemas com os pontinhos marrons, os gafanhotos e as nuvens?

— Isso mesmo! Nosso especialista em espíritos nos disse o que fazer!

— Especialista em espíritos? — questionou Andorinha. — Aquele cara que fala com plantas e animais? Também temos um! Ele gosta de falar principalmente com porcos-espinhos.

— Porcos-espinhos? Mas por quê? **Nosso especialista fala com os espíritos das nuvens, do rio e do trigo.** Esses é que são importantes! Aliás, ele disse que não devemos mais usar o nome espíritos. É ofensivo! Agora os chamamos de deuses. E ele também disse que não quer ser chamado de especialista em espíritos. É um nome bobo. Agora o chamamos de sacerdote. Às vezes me dou mal porque esqueço.

— Sacerdote? Nunca ouvi essa palavra. Mas, afinal, qual foi a grande ideia que ele teve?

— Ele disse que devemos fazer um acordo com os espír... deuses das nuvens, do rio e do trigo. Precisamos construir para eles uma casa grande e bonita no meio do povoado e dar a ela o nome de "templo". E devemos levar um presente todo dia, um bolo ou um pato, por exemplo. Em troca, eles vão manter longe os pontinhos

marrons e os gafanhotos, e farão com que as nuvens venham sempre e o rio tenha sempre bastante água.

— E vocês obedeceram? Parece um trabalhão.

— Ora, não temos medo de trabalho! — Triguita respondeu com orgulho. — Temos medo é de pontinhos marrons, gafanhotos e secas. Por isso, obedecemos! **Construímos um lindo templo, e levamos presentes todos os dias.**

— E funciona?

— Claro! Os deuses nos protegem! Nos últimos três anos, as nuvens de chuva sempre chegaram na hora certa e não houve gafanhotos!

— Então o que você veio fazer na floresta? — Andorinha perguntou.

— Ah... é que... — Triguita demorou para admitir — ... os pontinhos marrons voltaram...

— Então o tal do sacerdote enganou vocês...

— Não, não! Não fale isso! — Triguita gritou, com medo. — Vai enfurecer os deuses e as coisas vão piorar ainda mais! O sacerdote explicou: no ano passado fomos um pouco preguiçosos e não levamos presentes o bastante para os deuses. Estou com muita vergonha. Talvez tenha sido culpa minha! Um dia era a minha vez de levar um bolo para os deuses, mas no caminho eu dei uma mordidinha bem pequena no cantinho. Os deuses devem ter visto, e agora estão castigando todo mundo por minha causa. Estou me sentindo muito mal, por isso vim aqui procurar o que comer. Não quero que meu irmão morra de fome porque fui tão gulosa!

— Não acredito em nada disso, Triguita... Tem certeza absoluta de que o sacerdote está falando a verdade?

— Sim! E ele disse que os deuses vão nos perdoar. Tinha até uma nova mensagem: os deuses gostam do nosso esforço e prometem que teremos sempre o suficiente para comer se nos esforçarmos ainda mais. Ele disse que **devemos nos esforçar mais do que nunca para cultivar mais trigo durante os anos bons** para podermos ter o bastante para os anos ruins também.

— Trabalhar mais ainda? — estranhou Andorinha, já meio impaciente. — Mas o que mais vocês poderiam fazer?

— O sacerdote falou para a gente carpir mais terreno perto do povoado e cavar mais valas de irrigação. E construir **uma casa bem grande só para guardar grãos**, que vai se chamar celeiro. Estamos pensando em construir o celeiro perto do templo. Nos anos bons vão guardar no celeiro todos os grãos que sobrarem, assim teremos o que comer quando houver um ano ruim. Para garantir que nenhum preguiçoso use os grãos do celeiro quando não estivermos precisando de verdade, trancaremos a porta, e ela só poderá ser aberta se todos concordarem.

— Já estou exausta só de ouvir! Bem, espero que vocês saibam o que estão fazendo. Boa sorte, Triguita!

O povo fez o que o sacerdote sugeriu, e funcionou, pelo menos algumas vezes. Os moradores tinham que trabalhar muito mais do que antes, mas ficavam mais protegidos nos anos ruins.

GUARDA NOTURNO

O novo celeiro deixou as pessoas contentes, e o povoado cresceu bastante, até ficar parecido com uma cidade. Mas... surpresa! Depois de um tempo — talvez uns 1099 anos — surgiu um novo problema. Agora havia tanto grão no celeiro que **as tribos e os povoados vizinhos começaram a atacar a cidade para roubar comida**. Por que se esforçar por meses e meses se alguém pode roubar tudo numa noite?

Todos os moradores da cidade foram para o templo e conversaram, conversaram, conversaram. Por fim, decidiram construir uma muralha em volta da cidade. Também decidiram que toda noite algumas pessoas ficariam acordadas para vigiar a muralha. Agora as pessoas trabalhavam nas plantações de dia, construíam a muralha nas horas vagas e ficavam acordadas de noite para vigiar.

Também escolheram o homem mais corajoso da cidade para ser o chefe guerreiro e liderar os guardas. Na maior parte do tempo esse chefe não fazia muita coisa: praticava arco e flecha ou inspecionava a muralha e importunava as pessoas para que fossem tapar os buracos que ele achava. Mas se outra tribo viesse roubar os grãos, todo mundo ficava feliz porque o chefe estava lá. Ele sabia o que fazer — era corajoso e forte.

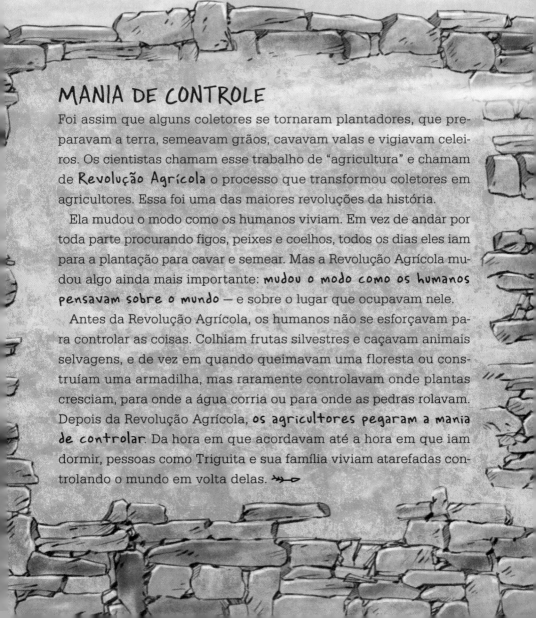

MANIA DE CONTROLE

Foi assim que alguns coletores se tornaram plantadores, que preparavam a terra, semeavam grãos, cavavam valas e vigiavam celeiros. Os cientistas chamam esse trabalho de "agricultura" e chamam de **Revolução Agrícola** o processo que transformou coletores em agricultores. Essa foi uma das maiores revoluções da história.

Ela mudou o modo como os humanos viviam. Em vez de andar por toda parte procurando figos, peixes e coelhos, todos os dias eles iam para a plantação para cavar e semear. Mas a Revolução Agrícola mudou algo ainda mais importante: **mudou o modo como os humanos pensavam sobre o mundo** — e sobre o lugar que ocupavam nele.

Antes da Revolução Agrícola, os humanos não se esforçavam para controlar as coisas. Colhiam frutas silvestres e caçavam animais selvagens, e de vez em quando queimavam uma floresta ou construíam uma armadilha, mas raramente controlavam onde plantas cresciam, para onde a água corria ou para onde as pedras rolavam. Depois da Revolução Agrícola, **os agricultores pegaram a mania de controlar.** Da hora em que acordavam até a hora em que iam dormir, pessoas como Triguita e sua família viviam atarefadas controlando o mundo em volta delas.

CHIFRUDO E BÉ-BÉÉÉ

Quando as pessoas querem ter mais controle, funciona mais ou menos como um incêndio: ele começa pequeno, mas, antes que elas percebam, o fogo pode aumentar muito e se alastrar por todos os lados. A Revolução Agrícola teve início quando alguns humanos quiseram controlar onde alguns pés de trigo iam crescer. Mas depois os agricultores tentaram controlar tudo o que viam.

"Se podemos controlar onde o trigo cresce com um trigal e para onde a água corre com valas, talvez também possamos controlar ovelhas, cavalos e galinhas!", pensaram os agricultores.

Controlar animais era ainda mais difícil do que controlar o trigo e a água: carneiros, cavalos e galinhas selvagens não queriam obedecer aos humanos! Mas as pessoas continuaram tentando e, pouco a pouco, conseguiram controlar alguns animais.

Talvez um menino agricultor chamado Lobo tenha contado essa história a um menino coletor chamado Esquilo quando se encontraram. Pode ser que Esquilo estivesse subindo em uma árvore para pegar nozes quando avistou a coisa mais estranha que já tinha visto na vida: Lobo andando todo orgulhoso com uma vara na mão, conduzindo um rebanho inteiro de ovelhas!

— O que é isso?! — exclamou Esquilo, de olhos arregalados. — Essas ovelhas estão mesmo **seguindo** você?!

— Claro que estão — respondeu Lobo. — Essas ovelhas são nossas.

— Como assim "nossas"? Meu bando às vezes caça ovelhas, mas **elas têm medo de nós**. Nunca deixam ninguém se aproximar. Confesso que eu também tenho um pouco de medo delas.

— Medo de ovelhas? — Lobo achou graça.

— É, ué! — rebateu Esquilo. — Tem um carneiro grandão com uns chifres enormes que a gente chama de Chifrudo. Um dia o Chifrudo deu uma tremenda cabeçada no meu avô, que manca até hoje por causa disso. Tem também uma ovelhinha mirrada que às vezes vem xeretar no nosso acampamento. Ela é supercuriosa! Mas se alguém tenta chegar perto ela corre como o vento. **Quase nunca conseguimos pegar ovelhas, a menos que estejam velhas ou machucadas.** E os ursos e os lobos costumam chegar primeiro!

— Com as nossas ovelhas é bem diferente — Lobo contou.

— Estou vendo! De onde vêm essas suas ovelhas impressionantes?

— Tudo começou no tempo da minha avó — explicou Lobo. — Naquela época, alguns moradores do povoado tiveram uma ideia brilhante: construíram uma cerca de um lado ao outro do desfiladeiro perto do povoado e atraíram um rebanho de ovelhas até lá. Aí bloquearam a outra ponta, e elas ficaram presas no desfiladeiro. Nenhum urso ou lobo conseguia caçá-las, mas nós podíamos pegar uma sempre que queríamos carne!

— Que incrível! — Esquilo se admirou. — Com certeza as coitadinhas das ovelhas queriam sair dali, não? Se eu fosse uma ovelha, não ia querer ficar presa num desfiladeiro pelo resto da vida. Eu ia querer ser livre!

— Ah, claro, acho que no começo elas não gostaram muito. Minha avó me contou sobre um carneiro grande muito forte e violento que **não queria de jeito nenhum ficar preso no desfiladeiro.** Toda vez que alguém se aproximava, ele atacava com seus chifres enormes. Até tentou quebrar a cerca e quase a derrubou, deixando o rebanho inteiro sair.

— Ele deve ser o herói das ovelhas! — Esquilo comentou, impressionado.

— Mas não para as pessoas com fome. **O chefe do povoado matou o carneiro, e os moradores fizeram um banquete.** Penduraram o crânio do carneiro na parede do templo. Isso aconteceu muito antes de eu nascer, mas vejo o crânio lá toda vez que vou ao templo.

— Nossa! — disse Esquilo, um tanto desconfortável.

— Mas minha avó também me contou sobre uma ovelha muito inteligente e aventureira que vivia tentando subir pela encosta íngreme do desfiladeiro — Lobo continuou. — Como estava sempre correndo e pulando em vez de comer grama, era a ovelha mais magra de todas. Minha avó gostava dela, e as pessoas a chamavam de Bé-Bééé, porque estava sempre balindo.

— E o que aconteceu com Bé-Bééé? — Esquilo perguntou.

— Um dia Bé-Bééé encontrou uma passagem e conseguiu escalar quase até o topo da encosta, chamando as outras ovelhas para irem explorar o mundo com ela.

— Elas conseguiram escapar?

— Não. Alguém viu o que estava acontecendo e as impediu. O chefe do povoado ficou muito bravo com Bé-Bééé. Disse que uma ovelha que vive tentando escapar e não tem muita carne por cima dos ossos é um desperdício de grama. Então ele matou Bé-Bééé. Os moradores fizeram um pequeno banquete e penduraram o crânio dela no templo também.

— Ai, coitada da Bé-Bééé! — lamentou Esquilo.

— É uma pena mesmo, acho. Mas isso foi muito tempo atrás, antes de eu nascer. Hoje é muito fácil de controlar a maioria das ovelhas. Só ficamos com as que não dão muito trabalho. Sabe como é: **quando o carneiro mais obediente e a ovelha mais obediente têm filhotes, os carneirinhos saem parecidos com seus pais**, e são ainda mais fáceis de lidar. É por isso que agora deixamos as ovelhas fora do desfiladeiro de vez em quando.

— E elas voltam? — admirou-se Esquilo.

— Ah, não exatamente. Elas ainda não gostam de ficar lá. É aí que eu entro: sou o pastor delas. — Lobo, muito orgulhoso, ergueu seu bastão bem alto. — Eu abro o portão de manhã, tomo conta das ovelhas o dia todo enquanto elas pastam, e de noite levo todas de volta para o desfiladeiro e fecho o portão. Quando uma ovelha não quer voltar, vou atrás e bato nela com o bastão até ela me seguir.

CINQUENTA BILHÕES DE GALINHAS

Foi assim que ovelhas selvagens viraram animais de criação. Animais selvagens não gostam de ser controlados por humanos, mas os humanos só mantinham por perto os mais obedientes, que davam crias ainda mais obedientes. Depois de algumas gerações, até um menino como Lobo conseguia controlar sozinho um rebanho inteiro de ovelhas.

Desse mesmo jeito, os humanos conseguiram controlar cabras, vacas, porcos, cavalos, jumentos, galinhas, patos e alguns outros animais. O mundo nunca tinha visto nada assim. **Até então, nunca uma espécie de animal havia conseguido controlar outra.** Tubarões não controlam peixes, leões não pastoreiam búfalos e águias não prendem pardais em gaiolas.

Ao controlar animais de criação, como ovelhas e cavalos, os humanos ganharam muito poder. Ovelhas, vacas e galinhas forneciam carne, leite, ovos, lã, couro e penas. Touros, bois, jumentos e cavalos forneciam força muscular. Em vez de ir a pé para todo lugar, as pessoas começaram a andar no lombo de jumentos ou em carroças puxadas por cavalos. Em vez de revirar o solo com as próprias mãos, as pessoas amarravam um boi enorme e forte a um arado e em um dia ele conseguia fazer mais trabalho do que vinte humanos em uma semana.

Como esses animais eram muito importantes, as pessoas se esforçavam muito para protegê-los e criá-los. Com ajuda humana, **os animais de criação passaram a ser os animais mais numerosos do mundo.** Hoje há mais ou menos 1,5 bilhão de vacas no mundo, enquanto as zebras selvagens são menos de meio milhão. São 3 mil vacas para cada zebra!

Todo ano os humanos criam mais de 50 bilhões de galinhas. Por outro lado, existe menos de 1 milhão de cegonhas no mundo. São 50 mil galinhas para cada cegonha. Na verdade, em muitas partes do mundo há mais galinhas do que todas as outras aves somadas!

MEDALHA DE OURO EM SOFRIMENTO

—

S e formos medir o sucesso de um animal em números, a Revolução Agrícola foi um tremendo sucesso para as vacas, as ovelhas, os porcos e as galinhas. **Mas os números não dizem tudo.** Em um concurso de Animal Mais Triste e Sofrido de Todos os Tempos, as medalhas de ouro, prata e bronze provavelmente iriam para as vacas, os porcos e as galinhas.

Galinhas selvagens podem viver até dez anos, e vacas selvagens, até vinte. Mas nas fazendas as galinhas e as vacas são abatidas ainda bem jovens. Um frango vive em média apenas um ou dois meses, e os bezerros costumam ser abatidos antes de completarem três anos de vida.

Por quê? Porque os humanos querem eficiência. Se um bezerro chega perto de seu tamanho adulto aos dois anos, por que continuar a alimentá-lo por mais tempo? O agricultor desperdiçaria muito alimento e esforço e não conseguiria mais carne em troca disso, certo? Se você fosse um bezerro, crescer seria uma preocupação enorme. Quando você estivesse quase da altura da sua mãe, os humanos iriam matar e comer você.

Os agricultores só permitem que os animais continuem vivendo enquanto forem úteis para os humanos. Por isso, deixam que as vacas que produzem leite, as galinhas que botam ovos e os bois que puxam arados vivam alguns anos a mais. Mas o preço que esses animais pagam é uma vida de sofrimento, que não se parece em nada com o modo como eles querem viver.

Na natureza, bois, touros e vacas andam livres em pradarias abertas. Mas se bois domesticados quiserem continuar vivendo, têm de puxar um arado ou um carro de boi o dia inteiro. Alguns agricultores fazem um furo no nariz dos touros e passam uma corda por ali, para controlar os animais com puxões. Às vezes também cortam os chifres dos bois, e sempre que um animal dá qualquer sinal de rebeldia, apanha. À noite os agricultores trancam os touros em um cercadinho para que não fujam.

A vida dos touros domesticados é assim: estão sempre puxando alguma coisa ou trancados em um cercado. Quando ficam cansados demais para puxar o arado ou se tentarem fugir muitas vezes, são levados para o matadouro.

Hoje em dia, **máquinas vêm substituindo cada vez mais os touros e os bois e outros animais de carga em tarefas como arar o solo**. Mas, nos lugares em que os touros ainda são usados, é assim que eles vivem.

O LADO FEIO DO LEITE

O leite também tem um lado sombrio. Já se perguntou por que os humanos bebem leite de vaca, ovelha e cabra? É estranho. Gatos não bebem leite de rato. Lobos não bebem leite de antílope. Ursos não fazem queijo com leite de alce.

Por milhões de anos, os humanos nunca beberam leite de outros animais. Os bebês humanos eram alimentados com o leite da mãe, mas aos quatro ou cinco anos de idade eram desmamados e nunca mais tomavam leite. Se você sugerisse aos nossos ancestrais coletores que bebessem leite de uma ovelha selvagem, eles achariam isso a coisa mais esquisita e nojenta do mundo.

TUDO SOB CONTROLE

Só depois da Revolução Agrícola os humanos começaram a ordenhar outros animais. Essa é outra coisa que Lobo, o pastor, talvez tenha explicado a Esquilo, o coletor.

— Nossa... o que você está fazendo? — perguntou Esquilo, espantado, ao ver Lobo ordenhar uma ovelha.

— Ah, estou preparando meu almoço — Lobo respondeu. — Quer experimentar?

— O quê? Leite de ovelha? Ecaaaaa! — Esquilo exclamou, quase vomitando.

— Sabe, antigamente nós que moramos no povoado também não tomávamos leite.

— Por que mudaram de ideia?

— Foi antes de eu nascer — Lobo explicou. — Minha avó me contou a história. Houve um ano em que os pontinhos marrons apareceram e destruíram todo o trigo. Não havia mais mingau para dar aos bebês. Então uma mulher sugeriu dar leite de ovelha a eles. Porque, você sabe, bebês tomam leite.

— Bebês humanos tomam leite *humano*, não leite de ovelha! — Esquilo protestou.

— Sim, mas leite é leite! E as pessoas estavam tão desesperadas que fariam qualquer coisa para salvar seus bebês.

— E o que aconteceu? — Esquilo perguntou.

— Alguns bebês não quiseram saber do leite de ovelha e morreram de fome. Outros beberam o leite, tiveram uma dor de barriga terrível e morreram por causa disso. Mas alguns conseguiram digerir o leite e sobreviveram. Minha mãe foi um desses bebês sortudos. Quando cresceu e teve minhas irmãs e eu, ela nos deu leite de ovelha muitas vezes, e nós gostamos. Ela até inventou **uma porção de coisas novas para fazer com leite: chamamos de queijo e iogurte**. Eu amo iogurte!

Assim como, pela evolução, as ovelhas selvagens foram ficando cada vez mais mansas e se deixaram domesticar, os humanos também evoluíram e acabaram gostando de leite e seus derivados. Mas nem todo mundo. Mesmo hoje em dia, algumas pessoas têm uma tremenda dor de barriga quando bebem leite de ovelha ou de vaca. Se você tem dor de barriga quando bebe leite, talvez seu ancestral tenha sido o coletor Esquilo, e não o pastor Lobo.

Quando pastores como Lobo começaram a ordenhar suas ovelhas, vacas e cabras, encontraram um problema. Animais produzem leite só por um motivo: alimentar seus filhotes. Assim, para terem leite de ovelha, primeiro os pastores precisavam que suas ovelhas dessem cria e depois precisavam impedir que os filhotes mamassem todo o leite.

A solução foi simples: quando as ovelhinhas nasciam, a maioria era abatida e virava comida. Depois os humanos ordenhavam a mãe ovelha. Quando o leite secava, eles traziam um carneiro para perto da ovelha e davam um jeito de ela engravidar de novo.

Esse continua a ser o método básico usado pela indústria leiteira. Em muitas fazendas industriais de hoje em dia, ovelhas, cabras e vacas quase sempre estão prenhes, isto é, esperando filhotes. **As crias são separadas das mães pouco depois de nascerem**, e a maioria das ovelhinhas é abatida e tem a carne vendida em forma de filés e espetinhos, enquanto a mãe é ordenhada e seu leite posto em caixas ou transformado em queijos e milk-shakes. Depois de cinco anos tendo crias e produzindo leite sem parar, a mãe está tão exausta que não vale mais a pena para o agricultor mantê-la viva, por isso ele também a abate e usa sua carne para fazer hambúrguer e salsicha.

MELHORES AMIGOS

A maioria dos animais sofreu por causa da Revolução Agrícola, mas alguns tiveram sorte. As ovelhas criadas para fornecer carne e leite sem dúvida acabaram com uma vida sofrida. Mas muitas ovelhas criadas para fornecer lã eram deixadas soltas nos morros e vales, e os humanos as protegiam cuidadosamente dos lobos. Uma vez por ano os pastores tosquiavam as ovelhas, ou seja, cortavam a lã que cobre a pele delas. E mais nada. As ovelhas ficavam livres pelo resto do tempo. Essas ovelhas sortudas provavelmente pensaram que a Revolução Agrícola tinha sido um milagre.

Quase todos os cavalos trabalhavam muito a vida inteira e, quando já não conseguiam trabalhar, eram abatidos e comidos. Mas alguns cavalos domesticados viviam quase como

imperadores. Em especial quando pertenciam a algum imperador! Por exemplo, o imperador romano Calígula gostava muito de seu cavalo Incitatus, tanto que mandou construir uma mansão para ele, com criados para levar café da manhã, almoço e jantar. Incitatus comia em uma manjedoura feita de marfim, usava coleira cravejada de pedras preciosas e até roupas, feitas sob medida para ele. Correu o boato de que Calígula andava pensando em nomear Incitatus para o cargo de cônsul — o posto mais alto no governo romano. Mas Calígula foi assassinado antes de poder fazer isso.

E, obviamente, havia os cães e gatos. **É provável que os gatos tenham se juntado aos humanos por vontade própria.** Quando as pessoas construíam celeiros, os grãos atraíam camundongos, ratos e pardais. Aí os gatos apareciam para comer os roedores e as aves, e os humanos achavam ótimo. Por isso permitiram que os gatos ficassem por lá e fizeram amizade com eles.

Os cães vieram antes disso, quando os humanos ainda eram coletores e nem pensavam em controlar plantas ou animais. Na verdade, naquela época os cães ainda não eram cachorros: eram lobos. Milhares de anos antes da Revolução Agrícola, alguns lobos notaram que os humanos eram capazes de caçar até animais muito grandes, como mamutes. Então começaram a seguir os humanos. Quando as pessoas caçavam um mamute, geralmente não conseguiam levar toda a carne com elas e deixavam um montão para trás. Os lobos esperavam pacientemente e, assim que os humanos iam embora, aproveitavam o banquete.

Alguns **lobos corajosos começaram a seguir os humanos até seus acampamentos.** As pessoas se sentavam em volta da fogueira para comer e contar piadas ou histórias de fantasmas, e os lobos ficavam na mata próxima, espiando. Quando os humanos apagavam a fogueira e mudavam seu acampamento para outro lugar, os lobos vinham farejar em busca de restos de comida.

Para isso, os lobos precisaram observar bem os humanos e entender como eles agiam. Tinham de saber quando os humanos estavam com fome ou irritados — melhor ficar longe! — e quando estavam tranquilos — hora de se aproximar! Alguns lobos se tornaram muito bons na arte de entender os humanos, e eram os que ganhavam mais comida. Com o tempo e a evolução, esses lobos foram ficando um tanto mais parecidos com os cães... mas ainda não eram cães. Tinham um pouco de lobo e um pouco de cão.

Os humanos sabiam que cães-lobos rondavam seus acampamentos, mas enquanto soubessem seu lugar e não fizessem nada ruim — como morder alguém —, tudo bem. Aliás, os humanos até descobriram que os cães-lobos podiam ser bem úteis.

Por exemplo, no meio da noite, quando todos os humanos já estavam dormindo, talvez um grande tigre-dentes-de-sabre se aproximasse procurando por um jantar. O tigre era muito silencioso, como costumam ser todos os felinos, e nenhum humano conseguia ouvir sua aproximação. Todo mundo dormia profundamente. Mas um dos cães-lobos na mata ao lado percebia o perigo e começava a latir. As pessoas acordavam e espantavam o tigre-dentes-de-sabre com pedras e fogo na ponta de paus. Tudo graças aos cães-lobos!

Até que um belo dia os cães-lobos se arriscaram a sair da mata para sentar com os humanos em volta da fogueira. Não sabemos ao certo como isso aconteceu, mas podemos imaginar. Você já viu algum cachorrinho perdido na rua e pediu aos seus pais para levá-lo para casa? Talvez algo parecido tenha acontecido dezenas de milhares de anos atrás: um bando de humanos encontrou alguns filhotes de cão-lobo perdidos, uma criança teve dó e quis ajudá-los.

— Olhem que bonitinhos! — disse a criança. — Se os ajudarmos agora, eles crescerão e se tornarão cães-lobos grandes e fortes, e serão úteis!

Os filhotes eram mesmo muito fofos, peludinhos, com olhos grandes e tristes, por isso os adultos concordaram. Ficaram com os filhotes, deram restos de comida para eles, e de noite os animaizinhos dormiam aninhados com os humanos. Era bom dormir com aquelas bolinhas de pelo em uma noite gelada!

Quando os filhotes cresceram, alguns deles, mais inquietos e perigosos, foram embora para se juntar aos cães-lobos na floresta. Mas os filhotes mais amistosos gostaram dos humanos e permaneceram com o bando. Eles não só alertavam as pessoas quando algum perigo se aproximava, como também participavam das caçadas e ajudavam a capturar coelhos e cervos.

Depois de alguns anos, quando os cães-lobos mais amistosos tiveram uma nova geração de filhotes, novamente os mais selvagens partiram e os mais mansos permaneceram. Assim, a cada geração, os cães-lobos foram ficando mais amistosos. Abanavam o rabo quando seu humano favorito chegava. Sentavam perto da fogueira e assistiam enquanto as pessoas comiam, depois cutucavam com o focinho pedindo um pedaço. Os cães-lobos viraram cachorros.

E como os cães foram viver com humanos tanto tempo atrás, aconteceu uma coisa muito interessante. Eles não são os animais mais inteligentes — chimpanzés, elefantes, golfinhos e até porcos são mais inteligentes do que os cães —, mas, quando se trata de compreender como humanos se sentem e o que querem, os cães são os campeões. Às vezes, até melhores do que outros humanos! Se você estiver triste, sua professora pode não perceber e sua irmã pode não ligar. Mas seu cachorro vai saber.

QUEM QUER SER AGRICULTOR?

Hoje em dia, as pessoas têm cachorros porque gostam deles. Não comem nem ordenham seus cães, nem os obrigam a puxar arado. Mas os cães são um caso raro. Na maioria das vezes, quando humanos criam outros animais, é porque querem algo em troca. O motivo não é amor, é controle.

Controlar animais e plantas tornou os agricultores muito mais poderosos do que antes. Só que poder não significa felicidade ou paz. Você já tentou controlar alguém, como um cãozinho ou um irmão mais novo, por exemplo? Nem um pouco fácil, não é? Você diz a eles alguma coisa, e eles fazem o contrário! Você os deixa sozinhos por um minuto e não sabe o que vão aprontar! Quando tentamos controlar os outros, quase sempre os deixamos muito infelizes — e muitas vezes ficamos infelizes também. Pois foi exatamente isso que aconteceu na Revolução Agrícola.

Os agricultores pensavam que todas as coisas — trigo, água, ovelhas — deviam fazer o que eles mandavam. Isso exigia muito esforço até dos próprios agricultores, e **por fim eles perceberam que também estavam fazendo o que outros mandavam.** Cada vez mais eram controlados por sacerdotes e chefes.

Por isso, não é nenhuma surpresa que, no começo, só bem poucas pessoas quisessem ser apenas agricultores. Coletores como Andita, Andorinha e Esquilo observaram bem aquele pessoal novo, esquisito... e voltaram direto para a floresta para procurar por frutas silvestres e caçar coelhos! Não é que os coletores fossem contra explorar novos modos de vida. Às vezes eles também praticavam um pouco de agricultura, cultivavam algumas plantas, criavam alguns animais. Mas passar a vida inteira cavando valas e comendo mingau não era para eles.

COMO A AGRICULTURA VENCEU

No Oriente Médio, apenas uns poucos grupos começaram a dedicar todo o seu tempo ao plantio de trigo e à criação ovelhas. Enquanto isso, na China, outros grupos passaram a cultivar painço e criar porcos. Em diferentes partes do mundo — Índia, Américas e Nova Guiné —, alguns humanos aprenderam aos poucos a controlar certas plantas e animais, como arroz, milho, batata, cana-de-açúcar, galinhas e lhamas.

Mesmo assim, no mundo todo a maioria das pessoas preferia caçar e coletar.

Mas isso não impediu a Revolução Agrícola de acontecer. Ninguém precisou ajudar a agricultura a se propagar. Se uma área abrigasse cem grupos de coletores, talvez 99 dissessem não à agricultura. Bastava que um grupo dissesse sim.

Com todo o seu esforço para controlar as plantas e os animais, os agricultores produziam cada vez mais grãos, carne e leite, e alimentavam cada vez mais filhos. Um bando de cinquenta coletores precisava de uma floresta inteira para conseguir comida para todo o grupo. Mas se os agricultores queimassem a floresta e plantassem naquele solo trigais ou arrozais, a mesma área passava a alimentar dez povoados de cem pessoas cada um.

Os agricultores queimaram cada vez mais florestas, construíram cada vez mais povoados e expulsaram os coletores. Às vezes os coletores resistiam e até incendiavam um ou dois vilarejos. Mas com o tempo o número de agricultores ficou muito maior. Como é que cinquenta coletores poderiam expulsar mil agricultores? Por isso, ou os coletores se juntavam aos agricultores, ou

fugiam. E isso aconteceu em todas as partes do mundo, até que quase não restaram coletores.

Os agricultores eram os novos líderes do mundo. Só tinha um probleminha... eles não estavam nem um pouco felizes com seu novo modo de vida. Agricultores tinham trabalhado tanto porque tinham um plano: pensavam que cavando valas, semeando trigo, controlando ovelhas e construindo muralhas eles um dia criariam uma vida perfeita e então poderiam relaxar e aproveitá-la. Mas o plano não deu certo. Por quê? Porque houve algo chamado "consequências imprevistas".

2

EPA! ISSO NÃO ESTAVA PREVISTO

IMPREVISTOS
—

Imagine que os seus pais querem fazer uma viagem em família. Você ganha um panfleto turístico com duas opções: juntar-se a um bando de coletores ou ficar em um povoado que pratica a agricultura como no passado distante.

Qual dessas viagens você escolheria?

A escolha parece fácil, certo? Mesmo assim, **nossos ancestrais pararam de vaguear livremente pelas florestas** e começaram a se dedicar às plantações. Por quê? Ora, é simples: ninguém deu um panfleto explicativo para eles antes de começarem. Quando fizeram essa escolha crucial, não sabiam no que estavam se metendo.

Já aconteceu de você planejar algo com bastante cuidado, porém no fim as coisas acontecerem de outro modo? Imagine que você tem um coelho de estimação chamado Neno, que você adora. Mas você acha que Neno deve estar se sentindo solitário, porque só fica quietinho na gaiola roendo cenoura. Então você convence seus pais de que Neno precisa de um amigo. Você implora, faz várias promessas, até que finalmente eles concordam em lhe dar um segundo coelho — com a condição de que você vá mesmo cuidar deles. Maravilha, seu plano funcionou!

Você fica todo feliz com seus dois coelhos, e eles parecem gostar muito um do outro. Só que, depois de algum tempo, você repara que o amigo de Neno está ficando enorme. E **um belo dia você encontra mais cinco lindos coelhinhos na gaiola**. No começo, são bolinhas de pelo fofas. Agora você tem sete coelhos! Uau!

IMPLACÁVEIS 2

Mas começam a surgir complicações. Os filhotes crescem, e você precisa de mais gaiolas. Alguém tem que tirar todo o cocô de coelho e, uma vez por semana, limpar as gaiolas. E obviamente *todos os coelhos precisam comer*. Seus pais dizem que a ideia foi sua e que você deve se virar sozinho. Então você tem que passar algumas horas por semana limpando as gaiolas — e dando um jeito de ganhar algum dinheiro para comprar cada vez mais cenouras. Você lava o carro da sua mãe, leva o cachorro da vizinha para passear e rega as plantas do casal da esquina. Dá certo. Mas não era isso que você tinha imaginado! Você só queria companhia para o pobre Neno! E se um dia nascerem ainda mais coelhinhos?

EPA! ISSO NÃO ESTAVA PREVISTO

Quando você faz uma coisa que causa consequências inesperadas, chamamos essas consequências de "imprevistos". Seu plano para o coelho funcionou, mas agora sua vida é muito mais estressante por causa desses imprevistos.

Aconteceu uma coisa parecida com nossos ancestrais durante a Revolução Agrícola. Eles também tinham um bom plano: "trabalhar bastante vai garantir uma vida melhor". Mas as coisas não aconteceram exatamente como esperavam. Eles trabalharam bastante, sim, mas nem sempre tiveram uma vida melhor. O que ganharam foi uma porção de imprevistos.

HISTÓRIAS DE ESQUELETOS

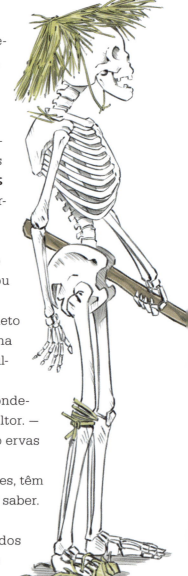

Quando arqueólogos encontram esqueletos de pessoas do passado distante, muitas vezes percebem diferenças entre coletores e agricultores. Esqueletos de coletores costumam ser mais altos e ter mais dentes e menos sinais de fome e doença. Esqueletos de agricultores costumam ser mais baixos e ter muitos dentes faltando e **sinais de fome e doenças**. Muitos têm a coluna torta e lesões nos joelhos e no pescoço.

Se um esqueleto de coletor encontrasse um esqueleto de agricultor, talvez no laboratório de um arqueólogo, a conversa seria mais ou menos assim:

— Oi, colega — diria Zé das Matas, o esqueleto de coletor. — O que aconteceu com sua coluna e seus joelhos? Você e os seus amigos agricultores estão acabados!

— **É porque trabalhamos tanto!** — responderia João dos Campos, o esqueleto de agricultor. — Se você passasse o dia ajoelhado arrancando ervas daninhas, ficaria assim também.

— E por que vocês, esqueletos de agricultores, têm tantos dentes faltando? — Zé das Matas quer saber. — Por que são tão baixinhos?

— É uma longa história... — suspira João dos Campos. — Basicamente, nossa alimentação era bem ruim. Vocês, coletores, passavam o dia coletando e caçando, por isso comiam muitos alimentos diferentes, como...

— Nozes, tartarugas, cogumelos, coelhos...

— Tá, tá, não precisa fazer inveja! O fato é que nós, agricultores, **vivíamos tão ocupados** arrancando ervas daninhas, colhendo, cavando valas e construindo muralhas que não sobrava tempo para pegar nozes ou caçar coelhos. Em dias especiais, abatíamos uma ovelha e fazíamos churrasco, mas quase sempre só comíamos pão de trigo, mingau de trigo ou papa de trigo, às vezes com algumas ervilhas ou um pedaço de queijo.

— Aff, que chatice!

— Era uma chatice mesmo. E tem mais! Não percebi isso quando era vivo, mas agora que sou esqueleto sei que não era bom para a saúde comer só trigo todos os dias. **No trigo não existem todos os minerais e as vitaminas de que os humanos precisam para ter um corpo grande e forte.** Além do mais, comer tanto trigo fazia mal para os dentes. Por isso é que só me restaram dois!

— Nossa! — exclama Zé das Matas. — Agora estou superfeliz por ter continuado um coletor! Olhe, ainda tenho todos os dentes, menos um que quebrei quando caí do pé de pistache. Mas todo o seu trabalho deve ter tido *algum* resultado, não? Sempre pensei que pelo menos vocês produziam trigo de montão!

— Sim, produzíamos! — João dos Campos confirma com orgulho.

— Mas os seus ossos dizem que você passou muita fome. Por quê?

— Ao que parece — João dos Campos fala mais baixo — foi por causa dos tais "imprevistos". Ouvi os arqueólogos falarem sobre isso.

— Nossa, parece assustador!

— E é! É quando a gente planeja alguma coisa e acontece outra inesperada.

— Sei... mas o que aconteceu?

— Demorei para descobrir. Mas, resumindo, foi assim: pensamos que sempre teríamos o que comer se cuidássemos muito bem do trigo. Esse foi o nosso erro.

— Por quê? É verdade que esse negócio de trabalhar tanto não é comigo, mas, para mim, o plano de vocês parece bom.

— Então! Só que não levamos algumas coisas em consideração. O mundo é complicado! Pensamos que estávamos sendo espertos, mas não percebemos que **era perigoso depender de apenas algumas fontes de alimento**. Vocês, coletores, sempre conseguiam achar algo para comer. Se num ano as nogueiras pegassem alguma doença e as nozes quase sumissem, vocês apanhavam mais tartarugas.

— Isso mesmo! E se as tartarugas tivessem um ano ruim, a gente pescava peixes. Sem problemas!

— Mas para nós era diferente — explica João dos Campos — porque pusemos todos os nossos recursos em apenas algumas plantas e animais. Quando acontecia **um ataque de gafanhotos, uma seca, uma enchente ou alguma doença** em nossos rebanhos, não tínhamos o suficiente para comer. Houve épocas em que até nossos celeiros ficaram vazios, o que fez pessoas morrerem de fome. Aconteceu várias vezes quando eu era criança. Sobrevivi, mas cresci pouco. Por isso sou mais baixo do que você.

— Quem diria! — suspira Zé das Matas. — Mas então por que vocês não iam para a floresta coletar frutas silvestres e caçar cervos quando o trigo acabava ou as ovelhas morriam? O mundo está cheio de alimentos!

— É verdade. Mas éramos muitos. Quantas pessoas havia em seu grupo, Zé das Matas?

— Contando minha família e nossos amigos, éramos, sei lá... uns trinta?

— Trinta? — zomba João dos Campos. — Isso não é nada! Em nosso povoado havia trezentas pessoas. E, se contarmos os povoados vizinhos, acho que chegávamos a umas mil!

— Ah... entendi. Claro, não dava mesmo para irem buscar comida na floresta. Não havia frutinhas e cervos para tanta gente...

FILHOS DO TRIGO

Os agricultores foram prisioneiros do seu próprio sucesso. Graças ao esforço para cultivar mais trigo, **os povoados não paravam de crescer, o que parecia bom**. Mas isso também tornava muito mais difícil voltarem a viver como coletores quando algum desastre acontecia com suas plantações ou rebanhos. Você pode se perguntar: se a alimentação não era saudável e eles eram menos capazes de se sair bem quando aconteciam desastres, como é que os povoados cresceram? Essa é uma pergunta que talvez tenha surgido na cabeça do esqueleto Zé das Matas enquanto pensava sobre a história de João dos Campos.

— Por que será que o meu bando só tinha trinta pessoas, mas o seu povoado, com tanta dor de dente e secas, cresceu até ter trezentas? — Zé das Matas pergunta.

— Essa é outra longa história — João dos Campos responde.

— Não faz mal — diz Zé das Matas. — Sou um esqueleto, não tenho nada urgente para fazer.

— Tudo bem, então. Me diga: quantos filhos você teve quando era vivo?

— Quatro, mas um morreu pequeno, picado por uma cobra.

— Sinto muito! Mas por que só quatro? Não quis ter mais?

— Mais? Está brincando? Você sabe que **a gente vivia mudando de um lugar para outro, e não dava para carregar um montão de crianças!** Nós, coletores, esperávamos até que a criança pudesse andar por grandes distâncias antes de ter outra.

— Entendi — diz João dos Campos.

— E tem outra coisa — Zé das Matas continua —, nos primeiros três ou quatro anos, nossos filhos se alimentavam principalmente do leite da mãe. Enquanto uma mãe está amamentando, dificilmente engravida de novo. E com vocês, agricultores, como era? Quantos filhos tinham?

— Minha companheira e eu tivemos oito — diz João dos Campos, levando a mão com delicadeza ao lugar onde seu coração um dia bateu.

— Oito?! — O queixo de Zé das Matas quase cai no chão.

— Isso era normal. Minha irmã teve dez. Pense bem: morávamos sempre no povoado, então não precisávamos carregar as crianças para todo lado. E os bebês logo paravam de mamar e se alimentavam de mingau de trigo e leite de ovelha. É por isso que muitas das mulheres tinham um filho a cada um ou dois anos.

— Mas por que queriam tantos filhos? — Zé das Matas pergunta, curioso.

— Pensávamos que era uma boa ideia: quanto mais filhos, mais gente para nos ajudar no trabalho agrícola e nas tarefas de vigilância. Além disso, nossos sacerdotes e chefes nos incentivavam a ter mais filhos, pois queriam que nosso povo fosse mais forte do que os povos vizinhos.

— Mas onde vocês arranjavam comida para tantas crianças?

— Nos anos bons isso não era problema. Quando tínhamos uma colheita boa e as ovelhas estavam bem, meus filhos comiam como chefes!

— E nos anos ruins? — Zé das Matas pergunta com delicadeza.

— Não gosto de pensar nos anos ruins... — suspira João dos Campos. — Quando apareciam os gafanhotos ou os pontinhos marrons, ou não havia nuvens suficientes, ou as ovelhas morriam em uma epidemia, não tínhamos mingau nem leite para todos. Muitas crianças morriam. Dos meus oito filhos, só quatro sobreviveram e tiveram filhos. É como eu disse — ele conclui com tristeza —: imprevistos.

TEMPOS DE DIARREIA

Não era só a falta de alimento que matava muitas crianças dos agricultores. Eles não sabiam, mas comer mingau e beber leite de ovelha em vez de tomar leite materno não fazia bem para a saúde dos pequenos.

E pior: **doenças contagiosas se alastravam facilmente nos povoados sujos e lotados de gente.** Os bandos de coletores quase sempre eram pequenos e se mudavam bastante, então, se uma pessoa ficasse doente, ela não chegava a infectar muitas outras. Por exemplo, se alguém tivesse diarreia e precisasse correr para trás de uma moita para fazer suas necessidades dez vezes numa noite, tudo bem, pois logo na manhã seguinte o bando se mudaria para outro lugar.

Mas os agricultores viviam em povoados e cidades muito populosos, e naquele tempo não havia banheiros nem rede de esgoto. Assim, quando alguém estava com diarreia, costumava fazer suas necessidades bem ali no meio do povoado. E como aquela comunidade inteira não podia se mudar na manhã seguinte, logo um monte de outras pessoas ficava com diarreia também.

Você já deve ter tido diarreia alguma vez, e seus pais provavelmente o levaram ao médico. Depois de tomar alguns medicamentos, você sarou. Mas os antigos agricultores não tinham remédios assim. Quem estava com diarreia não conseguia reter alimento nem água no corpo, e às vezes acabava morrendo.

E não era só diarreia. **Doenças novas surgiam o tempo todo** e se espalhavam depressa pelos povoados. De onde elas vinham?

As novas doenças vinham dos animais criados no povoado. Além de um grande número de pessoas, os povoados também tinham ovelhas, porcos e galinhas, que viviam todos juntos, amontoados ao lado de lixo e esterco. Os germes passavam de um animal para outro, e dos animais para os humanos. Ninguém tinha imaginado isso — foi outro imprevisto da agricultura. Esses primeiros povoados e cidades eram verdadeiros paraísos para os germes! Um vírus podia causar uma doença em muitas galinhas, depois acabar com quase todas as ovelhas, e finalmente atacar as pessoas e matar metade das crianças.

Se uma família de agricultores tivesse poucos filhos, como nos bandos de coletores do passado, era possível que todos morressem por causa da fome ou de doenças antes mesmo de se tornarem adultos. Para garantir a sobrevivência, os pais tentavam ter o maior número possível de filhos. E então, para alimentar todas aquelas crianças, as pessoas derrubavam mais florestas para plantar mais trigo, e aí queriam ter ainda mais filhos que pudessem ajudá-las no trabalho. Filhos que também precisavam de alimento... Você já entendeu, certo?

Por isso, uma mulher talvez tivesse oito, dez filhos. Metade deles provavelmente morria na infância, de fome ou doença, mas os outros cresciam, tinham mais filhos, e estes tinham mais filhos. **Apesar de tanta fome e doença, o número de agricultores continuou a aumentar**, assim como o número de plantações e celeiros, ferramentas e templos, chapéus e casas.

MAIS COISAS, MAIS GUERRAS

Você e seus irmãos já brigaram por algum brinquedo ou aparelho eletrônico novo que seus pais compraram? "É meu!" "Não, eu vi primeiro!" "Mãe, fala para ele que agora é minha vez!"

Em geral, quanto mais coisas temos, mais motivos temos para brigar. Antes da Revolução Agrícola, as pessoas quase não possuíam brinquedos, instrumentos ou quaisquer outros objetos — por isso, raramente brigavam. Arqueólogos encontraram **evidências de guerras entre os antigos coletores**, mas não muitas. Já onde há sinais de agricultura — celeiros com grãos, por exemplo — é comum que os arqueólogos encontrem muitos sinais de guerras, como muralhas ao redor do povoado ou esqueletos com ponta de flecha no crânio.

Esse é outro assunto que Zé das Matas e João dos Campos talvez discutissem no laboratório de arqueologia.

— O que é isso no seu crânio? — pergunta Zé das Matas.

— Uma ponta de flecha — João dos Campos responde.

— Nossa! Mas como foi parar aí? Você sofreu um acidente enquanto caçava? Uma vez, eu estava caçando mamutes com meus amigos...

— Acidente de caça?! — exclama João dos Campos, rindo até a barriga doer. — Fui ferido na guerra!

— O que é guerra? — questiona Zé das Matas.

— Era quando o povo vizinho atacava nosso povoado e tentava nos matar para ficar com nossas ovelhas e plantações.

— Ah, entendi — diz Zé das Matas. — Também tínhamos uns vizinhos péssimos. Mas quando vinham querendo brigar, era só a gente ir embora. Brigar por quê?

— Para você é fácil falar! — resmunga João dos Campos. — Vocês não tinham quase nada a perder! Nós tínhamos casas, plantações, celeiros e rebanhos... muitas coisas para defender. Quando alguém tentava tomar nosso povoado, não podíamos simplesmente ir embora. Se perdêssemos nossas plantações e nossos rebanhos, morreríamos de fome. Era preciso ficar e lutar.

Nem todos os agricultores eram violentos, é claro. Havia os pacíficos também. Mas quando violentos atacavam pacíficos, **ou os violentos venciam ou os pacíficos aprendiam a lutar**, e dessa forma também se tornavam violentos. Por isso, com o tempo, a violência tornou-se comum por toda parte.

Todas essas coisas ruins que aconteciam com o corpo das pessoas — fome, joelhos quebrados, perda de dentes, doenças contagiosas e flechas cravadas na cabeça — foram imprevistos da Revolução Agrícola. Ninguém as desejou. Ninguém as planejou. As pessoas não imaginavam que aconteceriam.

Mas a Revolução Agrícola **não mudou só o corpo das pessoas de modo inesperado**. Mudou também a mente. Depois que começaram a praticar a agricultura, os humanos passaram a pensar e a se sentir de outra maneira. Começaram a pensar e a se sentir como formigas.

FORMIGAS E CIGARRAS

Você conhece a história da formiga e da cigarra? É assim:

Nos dias quentes de verão, a cigarra só cantava, dançava e saltitava alegremente por toda parte, comendo muitas folhas deliciosas. Trá-lá-lá, trá-lá-lá!

Enquanto isso, a formiga trabalhadora construía sua casa e estocava comida. Carregava sementes e grãos dez vezes maiores do que ela e os empilhava lá dentro. A formiga trabalhava tanto que a cigarra ficava cansada só de observar.

— Calma, amiga! — aconselhou a cigarra. — Por que não relaxa e aproveita a vida?

Mas a formiga seguiu firme no trabalho e avisou a cigarra que ela se arrependeria por ser tão preguiçosa.

Quando o inverno chegou, as plantas congelaram e morreram. A formiga, confortável em casa, tinha bastante comida. A pobre cigarra, faminta, bateu à porta e pediu algo para comer. Mas a formiga não lhe deu nada.

— Você riu de mim porque eu trabalhei duro durante o verão. Agora vamos ver quem ri por último! — E bateu a porta na cara dela.

Essa história foi inventada por algum agricultor para ensinar seus filhos a pensarem no futuro, como as formigas.

Se você perguntasse aos coletores, a maioria deles diria que isso é bobagem:

— Ora, toda primavera as florestas ficam cheias de cigarras, por isso obviamente elas sobreviveram durante o inverno, certo? Cante, dance e pare de se preocupar tanto com o amanhã! Vai dar tudo certo! Quem fica de olhos bem abertos sempre consegue achar umas lesmas suculentas para comer, mesmo no inverno.

Os coletores costumavam se concentrar no que estava acontecendo no momento. É claro que às vezes eles faziam planos. Combinavam com os amigos um encontro na próxima noite de lua cheia para cantar e dançar. Pintavam bisões nas paredes das cavernas para que talvez um dia seus netos vissem. Pescavam muitos salmões e os defumavam, ou colhiam uma porção de avelãs e guardavam para mais tarde.

Mas havia um limite para quantas avelãs ou peixes defumados eles conseguiam estocar, já que não controlavam as avelãzeiras nem os peixes na natureza. Se quisessem 10 mil peixes defumados mas só mil salmões subissem o rio de sua região, não poderiam fazer nada para pescar mais. Por isso não dava para planejar muito. A vida deles era cheia de surpresas.

— Não planeje demais — provavelmente a maioria dos coletores ensinava aos filhos. — Se você for para a floresta com planos de caçar um cervo, talvez não perceba a colmeia cheia de mel escondida nos arbustos. Se planejar encontrar uma colmeia, talvez não note um ninho com três ovos apetitosos. E se estiver decidido a comer omelete no almoço e se concentrar em procurar ovos, talvez não veja o urso que se aproxima para almoçar você. Preste atenção no que está acontecendo agora e não se preocupe demais com o que pode vir mais tarde.

Você pode achar que tantas surpresas na vida deixavam os coletores muito ansiosos, mas na verdade eles eram até bem tranquilos. Pense no que deixa você ansioso: raramente é algo que está acontecendo neste instante. Em geral você se preocupa porque pensa em alguma coisa do futuro, por exemplo, a prova de matemática de amanhã, ou a ida ao dentista na semana que vem. Se você se concentrar no que está acontecendo agora, não se sentirá preocupado tantas vezes.

Por outro lado, os agricultores viviam preocupados com o próximo mês ou o próximo ano. Eram muito mais aflitos do que os coletores, pois não tinham escolha: sempre precisavam pensar no futuro porque raramente comiam no mesmo dia o que encontravam.

— Se você quiser comer pão, não adianta ir procurar uma árvore de pão no mato — os agricultores diziam aos filhos. — Você vai ter que derrubar a floresta, arar, semear, arrancar as ervas daninhas, esperar meses, colher, debulhar e escolher os grãos com cuidado, moê-los e fazer a massa, até finalmente poder assar o seu pão. Por isso, precisa planejar as coisas muito tempo antes. Como as formigas!

Por esse motivo, os agricultores ensinavam para as crianças algo muito importante: "adiar a recompensa". Recompensar — isto é, satisfazer — um desejo significa conseguir o que você quer. Quando você vê um doce e dois segundos depois ele já está na sua boca, você se sente recompensado porque satisfez o seu desejo. Adiar a recompensa significa esperar: deixe o doce onde está por um tempo, mesmo que você queira muito comê-lo neste exato momento.

A maioria dos coletores não achava que adiar a recompensa era tão importante. Se estivessem andando pela savana, vissem uma figueira e decidissem adiar a recompensa deixando os figos na árvore, não ficariam satisfeitos. Quando voltassem no dia seguinte, não teriam mais figos. Os morcegos e os babuínos já teriam comido tudo! Naquela época, só os tolos adiavam a recompensa.

A agricultura mudou isso. Logo que as pessoas passaram a ter uma plantação de trigo em vez de ir para a savana procurar comida, adiar a recompensa era a coisa certa a se fazer. Por exemplo, se o ano fosse ruim, com o celeiro quase vazio e as pessoas passando fome, o que deveriam fazer? Se comessem os últimos grãos do celeiro, não teriam sementes para o ano seguinte, e a família toda morreria de fome. Mas se guardassem alguns grãos mesmo estando famintas, poderiam semeá-los e esperar pacientemente para ter o que comer no outro ano.

Portanto, os coletores eram diferentes dos agricultores não só no modo como viviam e nas coisas que comiam. **Muitas vezes, também eram diferentes na maneira de pensar.** Ser agricultor significava viver preocupado com o futuro e adiar a recompensa. Mesmo hoje em dia, isso continua a ser a habilidade mais importante que as crianças aprendem na escola.

Às vezes você tem a impressão de que as coisas que aprende na escola não servem para nada? Que não têm nada a ver com a sua vida, com os seus amigos, com os seus passatempos? Você quer ir brincar lá fora, mas precisa ficar sentado na sala de aula fazendo exercícios de matemática. Isso acontece porque você é treinado para ser uma espécie de agricultor. Aprende a se esforçar e adiar a recompensa porque seus pais se preocupam com o seu futuro.

Eles têm medo de que você não tire boas notas nas provas se ficar brincando lá fora em vez de fazer os exercícios de matemática. E aí não passará em uma boa faculdade. E aí não terá um bom emprego. E aí não ganhará um bom salário. E aí não poderá pagar por um bom plano de saúde quando for velho. Por isso, sente-se aí e faça seus exercícios de matemática agora para poder ficar em um bom hospital quanto tiver oitenta anos.

Não sabemos se todo o esforço e o adiamento de recompensa foram realmente bons para os humanos. Mas com certeza **foram bons para o trigo e todas as outras plantas que se beneficiaram da Revolução Agrícola.**

IMPLACÁVEIS 2

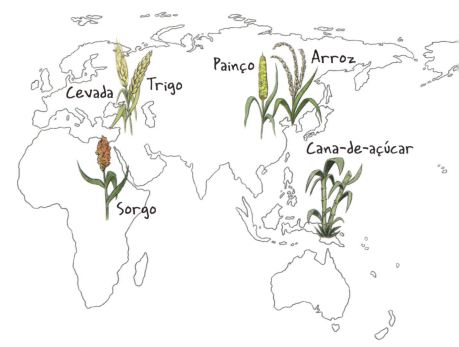

AS PLANTAS QUE CONQUISTARAM O MUNDO
—

Se você pudesse ver do espaço o planeta Terra antes da Revolução Agrícola, notaria pequenos grupos de humanos vagando pelos morros e pelas florestas, mas também enxergaria alguns montes de trigo aqui e uns trechos de arrozais ali.

Se visse nosso planeta depois da Revolução Agrícola, notaria regiões inteiras cobertas de plantações de arroz e trigo, além de **milhões de humanos atarefados desde o amanhecer até o pôr do sol**, irrigando e protegendo essas plantas.

Logo que os humanos começaram a plantar, pensaram que fossem muito espertos e que facilmente conseguiriam controlar plantas bobinhas como o trigo e o arroz. Mas, pelo visto, os humanos

Girassol

Milho

Cacau

Batata

não eram tão espertos como pensavam — porque, no fim das contas, foram as plantas que controlaram os humanos.

Talvez você se pergunte como eles deixaram isso acontecer. Bem, os humanos não sabiam que isso estava acontecendo. Passar de coletores a agricultores demorou bastante tempo. Não foi de um ano para o outro, nem mesmo em cinquenta anos. Pode ter levado uns 5 mil anos. As pessoas não perceberam o que estava acontecendo porque cada geração vivia quase exatamente como a geração de seus pais. A única diferença era que, muito de vez em quando — um século ou talvez mil anos depois —, alguém inventava alguma melhoria para resolver um problema. Por exemplo, uma enxada, uma vala de irrigação ou uma muralha.

Ninguém imaginou que, se começassem a cavar buracos no chão, os humanos acabariam com buracos nos dentes, muralhas em volta de suas cidades e muita preocupação na cabeça.

UM FINAL FELIZ?

Hoje, quando as pessoas ficam sabendo sobre todos os tormentos que a Revolução Agrícola causou, podem achar que, no fim das contas, as coisas melhoraram. É verdade que os antigos agricultores tinham muitos problemas inesperados e diversas preocupações. Mas a maioria de nós não vive mais como os agricultores desse passado.

Talvez você more em uma boa casa com bastante comida na geladeira, ar-condicionado para manter a temperatura ideal, um banheiro limpinho com água saindo da torneira, um armário com diversos remédios e um computador com muitos jogos divertidos.

E nada disso existiria se os humanos ainda estivessem colhendo cogumelos e caçando cervos na floresta. Por isso você acha que começar a plantar e criar animais foi uma boa ideia.

Pode ser que você pense assim porque não precisa trabalhar no campo todos os dias. Outras pessoas — ou até máquinas — fazem isso por você. Mesmo que você more em uma fazenda, muitas tarefas difíceis provavelmente são feitas por um trator ou uma bomba de água automática. Além disso, existem outras coisas modernas para ajudar, como remédios e computadores. Você não é como o agricultor comum de um povoado antigo — é mais como um chefe de povoado.

Mas e Triguita, Lobo e João dos Campos, que viveram em uma povoação pequena milhares de anos atrás? Eles passaram grande parte da vida capinando, cavando valas... e preocupados com o futuro. Muitas vezes não tiveram comida suficiente e viveram com medo de epidemias, gafanhotos ou ataques de outros povos.

Será que eles diriam "A vida pode ser difícil para nós, mas não tem problema, porque daqui a milhares de anos as crianças terão bastante comida, viverão em casas grandes com ar-condicionado e jogarão no celular o dia todo"?

EPA! ISSO NÃO ESTAVA PREVISTO

Triguita, Lobo, João dos Campos e seus amigos esperavam melhorar de vida capinando e cavando sem parar. A agricultura realmente resolveu alguns dos velhos problemas, mas criou um monte de imprevistos e novos problemas. Os agricultores se preocupavam mais do que nunca com doenças, gafanhotos, guerras e nuvens de chuva.

Conforme os povoados cresceram e se transformaram em cidades, e as cidades se uniram para formar grandes reinos, **as pessoas também começaram a se preocupar com coisas completamente novas e muito estranhas**, coisas complicadas que não existiam nas florestas naturais, mas ganhavam muita força nas cidades. Coisas pavorosas, que botavam medo até nos mais corajosos. Tão complicadas e assustadoras que até hoje os adultos raramente falam sobre elas com as crianças. 🖐

3

COISAS QUE ASSUSTAM OS ADULTOS

PIOR QUE FANTASMA
—

Sempre que os adultos estão preocupados e as crianças perguntam o motivo, a resposta é: "Você vai entender quando crescer". Quantas vezes você já ouviu isso? Pelo jeito, existem coisas assustadoras no mundo que as crianças não são capazes de compreender.

Isso é meio estranho. Afinal, as crianças têm a capacidade de enxergar tudo o que os adultos enxergam e de sentir o mesmo que um adulto quando tocam em alguma coisa. Então **quais coisas são essas que as crianças não conseguem ver nem tocar, mas que causam tanto medo nos adultos?**

Muitas dessas coisas não existiam no tempo dos antigos coletores. Se um coletor estivesse preocupado e seu filho perguntasse "Por que você está tão preocupado?", o coletor quase nunca responderia "Você vai entender quando crescer". A maioria das coisas que preocupavam os coletores podia ser explicada a seus filhos: "Estou preocupado porque sua irmã está doente"; "Estou preocupado porque uma tempestade vem aí"; "Estou preocupado porque vi um leão aqui perto".

A agricultura complicou bastante a vida. Quando muitas pessoas começaram a viver juntas em povoados e cidades, isso as protegeu de tempestades e leões, mas também criou novas preocupações — e das bem complicadas! Por exemplo, uma das coisas que mais assustam os adultos se chama "imposto".

Crianças têm medo de fantasmas e monstros. **Adultos têm medo de impostos.** Se você resolver pregar uma peça nos seus pais, puser uma fantasia de monstro e aparecer para eles gritando "Buuuuu!" no meio da noite, é provável que eles caiam na risada. Mas se disser "Mamãe, um homem telefonou

procurando você e disse que era fiscal da Receita ou algo do tipo", cuidado: sua mãe pode ficar terrivelmente assustada!

O que são impostos e por que são tão assustadores? E por que os adultos passaram a ter medos que não tinham antes? Viver em lugares maiores, como cidades e reinos, tornou a vida mais complicada. Para falar a verdade, você não precisa crescer para entender essas preocupações. Mas precisa saber algumas coisas sobre como a agricultura criou as primeiras cidades e reinos.

LUGAL-BANDA E LUGAL-KINISHE-DUDU

Quando os humanos começaram a praticar a agricultura, viviam em pequenos povoados. Um povoado tinha sessenta pessoas, outro tinha cem, e os grandes talvez chegassem a trezentas. Conforme os agricultores foram derrubando mais florestas, aumentando suas plantações, criando mais ovelhas e tendo mais filhos, alguns povoados cresceram e se transformaram em cidades com milhares de pessoas.

E as cidades também cresceram com o tempo. Lugares como o Oriente Médio, a Índia, a China e o México passaram a ter cidades com dezenas de milhares de habitantes. Muitas delas tinham muralhas resistentes, templos enormes e um lindo palácio onde morava um rei. Certos reis governavam não apenas uma cidade, mas um reino inteiro, composto de diversas cidades e povoados.

De onde vieram esses reis? Alguns dos sacerdotes e chefes do passado se tornaram cada vez mais poderosos até se transformarem em reis. Em um povoado ou em uma cidadezinha antigos, quando era preciso tomar uma decisão importante, todos podiam participar e cada um dizia o que pensava sobre o assunto. As pessoas respeitavam o que seu sacerdote e seu chefe diziam, embora nem sempre concordassem com eles.

Mas nas novas cidades grandes havia tantas pessoas que era difícil reunir todas elas em um só lugar para saber o que cada uma tinha a dizer. **Uma das primeiras cidades do mundo se chamava Uruk.** Ficava nas margens do rio Eufrates, na terra da Suméria, onde hoje é o sul do Iraque. Em Uruk viviam umas 50 mil pessoas... e era difícil 50 mil pessoas tomarem decisões juntas.

Imagine, por exemplo, que um exército de outra cidade suméria, Lagash, viesse roubar grãos e ovelhas dos campos ao redor de Uruk. O que os urukianos deveriam fazer? Permanecer em segurança dentro da cidade, defender suas muralhas e permitir que os lagashenses roubassem à vontade? Sair e combater os lagashenses? Ou tentar fazer um acordo com eles, oferecendo parte dos grãos e das ovelhas para que não os atacassem? Se cada um dos 50 mil urukianos levasse cinco minutos para dar sua opinião, só para ouvir todas essas ideias seriam necessários 250 mil minutos, ou seja, 173 dias! Quando todos tivessem explicado e discutido seus pensamentos, os lagashenses já teriam levado cada grão de trigo e cada ovelha de Uruk.

Por isso, sempre que era preciso tomar uma decisão importante como essa, os urukianos não permitiam que todo mundo falasse. Às vezes, escolhiam algumas pessoas sábias como líderes. Então os líderes se reuniam em um pequeno conselho, que conseguia decidir mais depressa. Mas se brigassem e não conseguissem chegar a um acordo, teriam que procurar o grande chefe que comandava o exército em tempo de guerra para perguntar o que fazer e obedeceriam a qualquer coisa que ele dissesse. *Se esse grande chefe passasse a tomar cada vez mais decisões, talvez em algum momento se tornasse rei.*

Sabemos o nome de muitos dos reis de Uruk. Por exemplo, Lugal-Banda, Lugal-Kisalsi e Lugal-Kinishe-Dudu. Os reis das cidades sumérias vizinhas tinham nomes parecidos: Lugal-Sha-Engur, de Lagash, e Lugal-Zage-Si, de Umma. Por que todos se chamavam Lugal-alguma-coisa? Na língua suméria, *lu* significava "homem" e *gal* significava "grande". Portanto, Lugal significava "homem grande".

NEFERIRCARÉ-KAKAI E TUTANCÂMON

Os Lugals pensavam que eram os maiores homens do mundo. Lugal-Zage-Si, de Umma, dizia até que governava o mundo todo! Era bobagem. A maioria das pessoas do planeta nunca tinha ouvido falar em Suméria nem em todos aqueles Lugals. Muitas ainda viviam em bandos de coletores, ou então em pequenas cidades onde todos tomavam decisões juntos e não havia um Lugal.

Existiam também outros tipos de reino, cada um com seu próprio "homem grande". Mais de mil quilômetros a oeste da Suméria *havia um reino especialmente importante chamado Egito*, governado por homens conhecidos como faraós.

Os faraós, em sua época, foram os homens mais poderosos do mundo. Hoje nos lembramos de apenas alguns deles, e a maioria acabou esquecida por completo. Você já ouviu falar no faraó Nefer-casoar, no faraó Seberquerés ou no faraó Neferircaré-Kakai? Não? Eles ficariam superdecepcionados se soubessem disso! Empenharam-se tanto em ser famosos!

Talvez você tenha ouvido falar em outro faraó: Tutancâmon. Ele se tornou faraó quando tinha apenas oito anos. No Egito, **até meninos podiam ser reis** se seu pai tivesse sido rei. Tutancâmon não viveu tanto tempo. Morreu com mais ou menos dezoito anos. Hoje as pessoas não se lembram dele porque venceu uma grande guerra ou construiu uma pirâmide enorme, e sim porque arqueólogos encontraram muitos tesouros em sua tumba.

Quando um faraó morria, seu corpo era cuidadosamente desidratado, preservado e transformado em múmia. As múmias de faraós eram sepultadas em tumbas luxuosas, com bastante ouro e joias. Cada faraó queria ter a maior tumba, a mais deslumbrante, para que as pessoas se lembrassem dele mesmo depois que morresse. Mas eram tumbas tão esplêndidas e continham tantas joias que foram todas saqueadas por ladrões muito tempo atrás.

Tutancâmon não teve uma vida longa e não foi responsável por grandes feitos, por isso quando morreu sua múmia foi para uma tumba pequena em um lugar bem distante, que nenhum outro faraó queria. Os ladrões de tumbas nunca acharam o local onde Tutancâmon foi sepultado, e é por essa razão que sua múmia e todos os tesouros ainda estavam lá quando arqueólogos modernos a encontraram. **Se você for ao Egito, poderá ver a múmia de Tutancâmon.** Milhares de anos depois de morrer, Tutancâmon ficou famoso no mundo inteiro, e ninguém se lembra de Seberquerés nem de Neferircaré-Kakai. Às vezes, fama é só questão de sorte.

PARA QUE SERVEM OS REINOS?

O Egito era um reino muito grande. Ficava às margens do rio Nilo, uma região ocupada por dezenas de cidades e centenas de povoados. No mínimo 1 milhão de pessoas viviam no Egito. Também havia um monte de vacas, porcos, patos e crocodilos. Todos governados pelo poderoso faraó.

Por que reinos tão imensos como o Egito foram criados? Não seria melhor continuar a viver em povoados e cidades separados, sem um grande chefe mandando em todo mundo? Acontece que **reinos grandes eram úteis porque faziam coisas que povoados e cidades independentes não podiam fazer.**

Vejamos, por exemplo, os muitos povoados e cidades que existiram às margens do Nilo antes do surgimento do Egito e seus faraós. Todos dependiam do rio, que fornecia água para as pessoas, as vacas e os trigais. Só que o Nilo era um amigo imprevisível, que podia se transformar com facilidade em um inimigo mortal. Quando chovia demais, suas águas inundavam as plantações e as casas, matando gente, animais e plantas. Se a chuva fosse pouca, o rio não fornecia

água suficiente, matando o trigo e deixando as vacas e as pessoas sem alimento. O tempo todo os moradores da região observavam o Nilo apreensivos, sem jamais saber como ele se comportaria.

Pensou-se em construir barragens, canais e reservatórios para conter as cheias e armazenar água para os anos de seca. Mas, como a maioria dos povoados e das cidades era pequena, não havia trabalhadores suficientes para construir grandes barragens ou cavar reservatórios enormes. Alguns chefes e sacerdotes sugeriram que povoados e cidades trabalhassem juntos nesse projeto, mas as pessoas não confiavam umas nas outras tanto assim. Todos queriam ajuda para seu próprio povoado — mas poucos estavam dispostos a ajudar um povoado distante. Por isso, não havia muito o que fazer, então as cheias e as secas continuavam a ser um problema.

As coisas mudaram quando os faraós uniram os povoados e as cidades em um grande reino. **Agora eles podiam trabalhar juntos.** Se o faraó ordenava "Construam uma grande muralha!", pessoas do Egito inteiro vinham trabalhar na construção. Quando ele comandava "Construam um reservatório enorme!", **todo mundo ajudava a construir o reservatório.** Assim, se houvesse uma cheia, os povoados não eram destruídos, e em tempo de seca todos tinham água suficiente para suas plantações.

BEM-VINDO À CIDADE DO CROCODILO!

Um faraó chamado Sesóstris começou um projeto especialmente grande: ordenou que os egípcios construíssem um largo canal para ligar o rio Nilo ao vale de Faium. Na época, **esse vale era um grande pântano** cheio de mosquitos e crocodilos. Poucas pessoas viviam lá, porque havia pouco alimento (e muitos crocodilos!).

Os egípcios começaram a cavar. Dezenas de milhares de pessoas vieram de várias partes do Egito e trabalharam duro sob o sol escaldante. Cavaram, cavaram, cavaram. Às vezes os mosquitos picavam, mas todo mundo continuava a cavar. Às vezes um crocodilo comia alguém, mas os outros continuavam cavando. Havia tanto trabalho a fazer que o faraó Sesóstris morreu antes de o canal ficar pronto.

Mas seu filho, Amenemés, tornou-se o novo faraó e mandou as pessoas continuarem a cavar. Elas continuaram cavando e aproveitaram a terra retirada para construir muitas barragens e represas.

Por fim, concluíram o canal: a água do Nilo correu para o vale de Faium e **transformou o local em um gigantesco lago artificial**. Agora, quando acontecia uma cheia perigosa, os egípcios desviavam a água para o lago artificial, e assim seus povoados não eram destruídos. Quando havia seca, permitiam que a água do lago corresse de volta para o Nilo, e assim os agricultores podiam irrigar suas plantações.

Em vez de um pântano no meio do deserto, **Faium agora era uma terra de campos férteis e povoados**. Ali foi construída também uma nova cidade. Primeiro foi chamada de "O Lugar das Muitas Escavações", mas depois abreviaram o nome para Cidade dos Crocodilos.

E o que aconteceu com os crocodilos? Alguns morreram, outros tiveram que se mudar para outro pântano. Mas alguns se mudaram para a cidade! No meio da Cidade dos Crocodilos, **os egípcios construíram um grande templo para uma nova divindade: Sobek, o deus crocodilo**. Dentro do templo vivia um crocodilo de estimação. Quando as pessoas o viam, pensavam estar vendo o deus Sobek.

Todos os dias os sacerdotes do templo alimentavam o crocodilo com vacas, porcos e patos. Segundo um historiador antigo, até puseram braceletes com pedras preciosas em suas patas dianteiras e brincos de ouro em suas orelhas... mas provavelmente o crocodilo nem ligava para essas coisas e preferia a carne. Você já tentou pôr brincos em um crocodilo? Difícil demais — não tente fazer isso em casa!

QUEM FAZ HISTÓRIA?

Construir barragens e canais foi possível porque os egípcios viviam em um grande reino que conseguia reunir dezenas de milhares de pessoas para trabalharem juntas nas construções. Um reino grande era capaz de fazer outra coisa importante: estocar muito alimento em celeiros enormes e transportar comida em tempos de necessidade.

Se em determinado ano os trigais do norte do Egito fossem destruídos por alguma doença, era possível mandar grãos da Cidade dos Crocodilos para lá. Se em outro ano gafanhotos comessem todo o trigo da região da Cidade dos Crocodilos, transportavam para lá comida vinda do sul do Egito. E se uma grande fome acontecesse no país inteiro, os enormes celeiros do faraó tinham comida suficiente para todos, ao menos por um ou dois anos.

Por fim, reinos grandes também tinham mais facilidade para lidar com ladrões e invasores. Quando um povoado independente era atacado, contava só com algumas dezenas de pessoas para defendê-lo. Mesmo se os povoados vizinhos concordassem em ajudar, na melhor das hipóteses só conseguiriam reunir uns mil agricultores armados com enxadas e foices.

Por outro lado, quando um povoado pertencente a um grande reino era atacado, o reino inteiro podia enviar ajuda. Em vez de mil agricultores com enxadas, o reino podia mandar um exército profissional de 20 mil soldados armados com espadas e lanças.

Portanto, viver em um grande reino tinha suas vantagens. Mas ainda assim era uma vida difícil, e provavelmente muito mais penosa do que a vida de coletores como Andita, Andorinha e Esquilo antes da Revolução Agrícola.

Os egípcios não sabiam disso — não se lembravam de como os coletores viviam. Nem sequer se lembravam da Revolução Agrícola. A maioria deles pensava que os humanos sempre tinham vivido como agricultores. Mas sabia muito bem como a vida de agricultor era dura.

O Egito antigo foi o reino mais poderoso de seu tempo, mas todo esse poder dependia do esforço de agricultores simples. Quando você ler nos livros de história sobre construções magníficas como as pirâmides e pessoas famosas como o faraó Tutancâmon, lembre-se de que a maioria dos humanos não eram faraós. Eram agricultores comuns que trabalhavam muito todos os dias. O que eles produziam alimentava todos os reis, soldados, sacerdotes (e crocodilos de estimação). Portanto, é um tanto quanto injusto que a maioria dos livros de história conte tanto sobre reis, soldados e sacerdotes, mas quase nunca mencione as pessoas verdadeiramente importantes que mantiveram todos vivos.

POSSUIR E DEVER
—

Havia um monte de vantagens em ter um reino enorme como o do Egito antigo, mas **controlar um reino grande dava um trabalhão**, porque o faraó precisava organizar muita gente e muitas coisas. E para isso era preciso responder a duas perguntas: "Quem é dono do quê?" e "Quanto cada um deve?".

Ser dono de uma coisa significa que você a possui. **As pessoas podem possuir os mais diversos tipos de coisas**: casas, carros, roupas, computadores. As coisas que as pessoas possuem são chamadas de "propriedade". Se você possui uma barra de chocolate, ela é sua propriedade. Ninguém pode comê-la sem que você dê permissão. Se alguém a pegar sem pedir, é roubo. No Egito antigo existiam muitas propriedades: trigais, plantações de tâmaras, ovelhas, burros, carroças, barcos, casas e palácios. E havia 1 milhão de pessoas no reino. Como saber o que era de quem?

Imagine que um agricultor tivesse uma plantação de tâmaras. E se outra pessoa entrasse na plantação e começasse a comer as frutas? Como mostrar para todo mundo que a propriedade não era daquele sujeito que entrou lá e que ele era um ladrão? Esta era a questão: **"Quem é dono do quê?"**.

A segunda grande questão era: **"Quanto cada um deve?"**. Dever significa que você precisa dar parte da sua propriedade a alguém. Por exemplo, quando você tem uma barra de chocolate e seus pais dizem que você tem de dar um pedaço para sua irmã. Para manter o reino em funcionamento, o faraó exigia que as pessoas dessem a ele grande parte do que possuíam. Tinham de entregar parte das tâmaras que cultivavam, das ovelhas que criavam e especialmente uma boa porção dos grãos que colhiam. O faraó estocava todos aqueles grãos em seus enormes celeiros ou os usava para alimentar seus soldados e trabalhadores — que não conseguiriam fazer nada se não tivessem o que comer, é claro.

É por isso que a cada ano todos deviam dar boa parte de seus grãos para o faraó. **Isso se chama "imposto" — e os impostos até hoje continuam a preocupar os adultos.**

IMPOSTO SOBRE MAMUTES

Talvez pareça óbvio para você que um humano pode possuir tamareiras, trigais e rebanhos de ovelhas, mas na verdade isso é muito estranho. Como um ser pode ser dono de outro? Abelhas não são donas de flores, pulgas não são donas de cães, e guepardos não são donos de zebras.

Os coletores antigos não possuíam muitas coisas, e o que tinham geralmente era compartilhado com os outros. Um bando de coletores podia dizer que era dono de determinada floresta, mas a ideia de que uma só pessoa podia ser dona da floresta inteira e impedir que todas as outras entrassem lá soaria ridícula para eles.

Ou então imagine se um caçador valentão apontasse para uma manada de mamutes e dissesse:

— Estão vendo aqueles mamutes? São todos meus! E se eu gentilmente permitir que vocês cacem alguns, vocês terão de me pagar um imposto sobre os mamutes.

Isso soaria uma grande bobagem. Afinal, os mamutes podiam ir para onde quisessem e não obedeciam a ordens de humanos.

Conforme a agricultura se espalhou pelo mundo, os humanos começaram a controlar outros seres, como o trigo e as ovelhas, por isso ficou mais fácil pensar nesses seres como "propriedade". Nos primeiros vilarejos e cidades, as pessoas costumavam trabalhar juntas na agricultura, e assim tudo o que produziam pertencia a todos. Mas às vezes alguém escolhia trabalhar sozinho — e comer sozinho.

Quando uma família se esforçava para tirar as pedras de uma área, semear trigo ali e irrigar as plantas cuidadosamente, dizia que aquela plantação pertencia só a ela. Ninguém podia colher grãos de lá sem sua permissão. Algumas famílias possuíam dez plantações — elas eram ricas. Outras possuíam apenas uma, ou mesmo nenhuma — elas eram pobres.

MUITOS CAMINHOS PARA A POBREZA

Esse tipo de desigualdade podia ter diversas causas. Se vários agricultores pobres se encontrassem, talvez cada um contasse uma história diferente para explicar por que ele era pobre e outros eram ricos.

— Meus vizinhos são muito ricos! — diria um, com inveja. — Têm dez plantações, enquanto eu só tenho uma!

— Por quê? — perguntariam os outros.

— A verdade é que meus vizinhos trabalharam como formigas durante anos, limpando todos aqueles terrenos e plantando. Eu sou do tipo cigarra. Gosto de relaxar. Fico torcendo para um dia arar meu terreno e... tcharam! Descobrir um tesouro! Mas infelizmente isso ainda não aconteceu. A vida é injusta. E vocês? Por que são pobres?

— Eu já tive dez plantações — um deles contaria, orgulhoso. — Mas apareceram pontinhos marrons e destruíram todas as minhas plantas. Minha vizinha também tinha dez plantações, mas foi mais esperta: semeou trigo em apenas cinco dos terrenos e plantou cevada nos outros. Quando os pontinhos marrons vieram, destruíram todo o trigo dela, mas não fizeram mal para a cevada!

— E aí ela ajudou você?

— Pedi ajuda. A minha família não tinha o que comer. Mas ela foi mesquinha. Disse que me daria um pouco de farinha de cevada, mas em troca eu tinha que dar para ela todas as minhas plantações. Implorei que não fosse tão cruel, e por fim ela disse: "Tudo bem, tudo bem, pode parar com o chororô. Me dê só nove plantações e fique com uma". O que eu podia fazer? Estávamos com fome! Então dei nove plantações para ela, e agora só tenho uma.

— Vocês dois têm sorte! — comentaria com tristeza um terceiro agricultor. — Em nosso povoado, cada família possuía dez plantações. Éramos todos muito trabalhadores e inteligentes. E generosos também! Tínhamos o cuidado de semear plantas diferentes em terrenos diferentes, e quando uma família enfrentava dificuldades

todo mundo ajudava. Mas os inimigos vieram do outro lado das montanhas, invadiram nosso vale e tomaram nosso povoado. Eles ficaram com todas as nossas plantações e com as nossas casas! Não temos mais nada!

— E como vocês sobrevivem? — os outros dois perguntariam, espantados.

— Os invasores disseram que poderíamos permanecer no povoado *deles* e continuar morando nas casas *deles*, com a condição de que trabalhássemos nas plantações *deles*. Os valentões gostam de ser donos de muitas plantações, mas não querem saber de trabalhar nelas.

UM NOVO TIPO DE PROPRIEDADE

Portanto, houve diversas maneiras para o surgimento de pobres e ricos. No Egito, a pessoa mais rica era o faraó. Ele possuía mais plantações do que qualquer outro e nunca precisava trabalhar nelas. Só dizia aos outros o que fazer. Todos pagavam impostos ao faraó sobre o que cultivavam nos campos dele, e em troca ele prometia protegê-los de cheias, da fome e dos inimigos.

E se um agricultor não quisesse pagar imposto? O faraó ficaria muito bravo e mandaria seus soldados para o povoado desse agricultor. Os soldados não iriam lá para ajudar. Arrombariam a porta do agricultor com suas lanças e gritariam:

— Você não pagou os impostos! Pague já, senão...

Se o pobre agricultor não pudesse pagar o que devia, os soldados levariam suas vacas, seus patos e todos os grãos que encontrassem. Se isso não fosse o suficiente e ele estivesse devendo uma quantidade muito grande, os soldados poderiam até levar o próprio agricultor e sua família e transformá-los em escravos.

Escravos são pessoas consideradas propriedade de outra pessoa. A escravidão é uma das piores coisas que os humanos inventaram. A ideia de que uma pessoa pode ser propriedade de outra pessoa é pavorosa, mas agricultores de lugares como o Egito antigo estavam acostumados com isso. Para eles, assim como um humano podia ser dono de plantas e animais, também podia ser dono de outros humanos.

Em reinos antigos como o Egito havia muitos escravos: alguns eram estrangeiros capturados em guerras, outros eram agricultores que não haviam conseguido pagar seus impostos. Alguns eram filhos de pais pobres. Quando os pais não tinham como alimentar seus filhos, **eram forçados a escolher uma das crianças para vender como escrava**, e então poderiam ter comida para as outras.

Os escravos tinham uma vida muito difícil. Se você encontrasse escravos do passado distante, eles lhe contariam histórias horríveis.

— Ninguém se importa com as minhas necessidades — um deles poderia dizer. — Meu senhor às vezes me manda trabalhar o dia todo sem descanso nem comida, e tenho de obedecer. Preciso pedir permissão se quiser ir a algum lugar. Ele decide que roupas eu visto e como penteio meu cabelo. E se eu desobedecer, ele me açoita.

— Se isso é o pior, você é um sortudo — outro escravo comenta. — Meu senhor me açoita mesmo quando faço tudo o que ele manda, só por diversão. Os outros escravos dizem que uma vez ele matou um de nós. Meu senhor é chefe do distrito, e quem vai punir alguém tão importante só porque matou um escravo?

— O que me deixa mais triste — acrescenta um jovem escravo — é que não há futuro para nós. Só tenho doze anos, mas acho que nunca serei livre. Espero que ao menos consiga me casar e ter filhos um dia, mas nem isso vou poder fazer se meu senhor não permitir.

— Mas mesmo se ele permitir e você tiver filhos — avisa uma escrava de cabelos brancos —, eles também serão escravos. Minha amiga teve um filho, e sabe o que o senhor dela fez? Quando o menino tinha dez anos, ele o vendeu para um comerciante de uma

cidade distante. Minha amiga nunca mais viu o filho. Já se passaram três anos e ela ainda chora todas as noites.

Ninguém queria ser escravo. Quem não pagasse seus impostos — talvez porque seu trigo tivesse sido comido por gafanhotos — vivia com medo de que os soldados do faraó aparecessem para escravizá-lo. Quando iam dormir, em vez de sonhar com escorpiões e crocodilos, as pessoas tinham pesadelos com impostos.

Mas como o faraó lembrava se alguém havia pagado ou deixado de pagar? Afinal, o Egito tinha 1 milhão de pessoas. Se uma delas não pagasse seus impostos, como o faraó se lembrava de quem era? E se os soldados viessem ao povoado para levar as vacas, os grãos ou as galinhas dessa pessoa, como sabiam o que era para ser levado? Como os soldados conseguiam saber quanto cada um devia e quem possuía o quê?

O QUE O CÉREBRO NÃO PODE FAZER

Por milhões de anos, sempre que as pessoas queriam se lembrar de algo, guardavam a informação no cérebro. Mas quando os humanos tentaram construir grandes reinos, descobriram que o cérebro não dava conta. **O cérebro é maravilhoso, porém tem limites.**

Primeiro há um limite de informações que o cérebro consegue memorizar, e quando as pessoas tentavam construir reinos muito grandes o cérebro atingia esse limite. Você consegue se lembrar facilmente das suas coisas e das do seu irmão. Se há trinta alunos na sua classe, consegue lembrar onde cada um se senta. Mas em um reino com 1 milhão de trigais ninguém conseguia lembrar quem era o dono de qual trigal, nem quem havia pagado imposto em quais anos. E o reino não funcionaria sem essas informações.

Em segundo lugar, quando alguém morria, o cérebro morria junto. Assim, mesmo se existisse algum gênio que se lembrasse de todos os trigais e de todos os impostos, o que acontecia quando esse gênio morria?

Em terceiro lugar, e o mais importante: por milhões de anos o cérebro humano havia se adaptado para guardar apenas alguns tipos de informação. Para sobreviver, nossos ancestrais coletores precisavam lembrar detalhes sobre animais e plantas: que no outono havia colmeias no mato perto do rio, que no inverno podiam colher nozes na floresta e que na primavera era melhor não entrar na caverna da montanha, porque ali vivia um urso enorme e assustador.

Além disso, os coletores tinham que lembrar muitas coisas sobre as poucas dezenas de pessoas do bando! Quem era bom em subir nas árvores, em consertar ossos quebrados... Se alguém caísse de uma árvore, era melhor pedir ajuda a quem soubesse curar, e não subir. Precisavam lembrar quem era gentil e quem era mal-humorado. Se fossem pedir um favor, era melhor falar com alguém gentil!

Assim, por milhões de anos o cérebro humano evoluiu para guardar informações sobre animais, plantas e pessoas. É por isso que você não tem dificuldade para lembrar coisas interessantes sobre animais e sabe muito bem quem na sua classe é seu amigo... e quem não é.

Mas quando as pessoas começaram a formar reinos, de repente tinham que guardar um tipo novo de informação: números. Você gosta de números? Gosta de matemática? Algumas pessoas gostam — são fascinadas pela beleza e pela ordem da matemática. Outras não. Preferem ouvir histórias sobre animais. Se você lhes der um livro com a história de um menino legal que salva seus amigos do garoto malvado que é o terror da escola, elas se interessam. Mas nunca abririam um livro de matemática para se divertir.

E é assim com muitas pessoas. **Por milhões de anos os humanos nunca precisaram lidar com números.** Nenhum coletor tinha que lembrar quantos figos havia em cada figueira da savana. Por isso, o cérebro humano não se adaptou para lembrar números.

Mas quando as pessoas começaram a formar grandes reinos, de repente tinham de lembrar zilhões de números. Quanta terra cada pessoa possui? Quantas vacas? Quantos patos? E quanto deve em impostos? Isso significava milhões de números para lembrar. Quem era capaz de lembrar de tudo?

PROBLEMAS DE MATEMÁTICA

Na verdade, a coisa é ainda mais complicada. Afinal, quando se trata de coletar impostos, **não é justo que todos paguem valores iguais**. Uma pessoa rica, dona de dez trigais, deve pagar o mesmo que outra que é pobre e possui só um?

Hoje — e no passado também —, muitos acham que os ricos devem pagar mais impostos. Mas quanto a mais? E como saber quem é rico? Num povoado pequeno, todo mundo sabe quem é rico e quem é pobre, porém em um reino grande fica bem mais difícil saber. Imagine que duas pessoas — vamos chamá-las de Abu e Gida — vivem em um povoado distante. O rei nunca viu nenhuma das duas e nunca esteve naquele povoado. **Como pode decidir quanto imposto Abu e Gida devem pagar?**

Talvez o rei diga:

— Abu tem apenas um trigal: é pobre e deve pagar apenas dez sacos de grãos. Gida tem dez trigais: é rica e deve pagar cem sacos.

Mas Gida reclama:

— Sim, tenho dez trigais, mas são muito pequenos. Abu tem só um, mas é um trigal enorme! Dez vezes maior do que os meus dez somados. Não é justo eu pagar mais imposto que ele!

O rei concorda.

— Certo, contar só o número de trigais é uma ideia ruim. Temos que calcular o tamanho do

terreno. A plantação de Abu ocupa uma área de dez hectares, e as dez plantações de Gida, juntas, ocupam uma área de apenas cinco hectares. Portanto, Abu deve pagar cem sacos e Gida apenas cinquenta. Espero ter feito a conta corretamente. Tanto número me dá dor de cabeça!

Agora Abu é quem fica bravo.

— Não é justo! — Abu protesta. — O tamanho não interessa. A qualidade da terra é muito mais importante. Meus dez hectares ficam num deserto arenoso onde quase não cresce nenhum trigo! Os cinco hectares de Gida têm solo fértil, ficam logo na margem do rio. Ali é um paraíso!

Então o rei — que está cada vez com mais dor de cabeça — diz:

— Certo, certo... já entendi. O importante é contar quanto trigo cada um produz e cobrar metade disso como imposto. Se na colheita Abu obtém cem sacos, deve pagar cinquenta sacos, e se Gida colhe duzentos sacos, deve pagar cem. E pronto, chega! Não quero ouvir nem mais uma palavra, senão mando jogar os dois para os crocodilos!

É uma solução mais razoável, mas significa que alguém precisa contar quanto cada agricultor produziu. E não só uma vez, mas todos os anos. Porque talvez, em um ano bom, Abu produza cem sacos e pague cinquenta de imposto, mas se no ano seguinte houver uma seca terrível, talvez Abu produza apenas quarenta sacos. Se ele ainda tiver de pagar cinquenta sacos, sua família será vendida como escrava ou morrerá de fome.

Assim, todo ano alguém precisa perguntar a cada agricultor do reino quantos sacos de trigo colheu — e quantas ovelhas e patos nasceram, quantos peixes foram pescados... *É número que não acaba mais!*

E isso é só uma parte do problema. O rei não precisava saber apenas quanto imposto cobrar. Também tinha de saber a quantidade de grãos que dava aos trabalhadores que cavavam os canais e aos soldados que protegiam o reino de invasões.

Imagine se um soldado dissesse:

— Ei, rei, não recebi o meu saco de grãos este mês. Como posso lutar de estômago vazio?

O rei tinha de saber se ele estava falando a verdade e devia receber um saco de grãos ou se estava mentindo só para receber um saco a mais. Portanto, alguém precisava contar todos os sacos de grãos que saíam dos celeiros.

E lá vinham mais números. Quem conseguiria se lembrar de tudo isso?

Nem o próprio rei era capaz de se lembrar. Até o sumo sacerdote logo perdia a conta. Mas *o reino não funcionaria sem que todos os números fossem lembrados.*

SALVOS POR NERDS CRIATIVOS

Por isso que, durante muito tempo, mesmo depois de os humanos se tornarem agricultores, foi difícil formar grandes reinos e ainda mais difícil fazê-los dar certo. Em contos de fadas, reinos costumam ser ameaçados por gigantes, bruxos e dragões que cospem fogo. Na vida real, era um problema bem mais comum que ameaçava os reinos antigos: **ninguém conseguia se lembrar de todos os números.**

Até que finalmente alguns nerds descobriram um modo de fazer isso.

Esses nerds não viviam no Egito. Sim, o Egito foi o primeiro reino verdadeiramente grande, mas antes disso outros reinos já haviam surgido na Suméria. A Suméria antiga tinha centenas de pequenos povoados e cidades. Às vezes havia tentativas de unir várias cidades e povoados em um reino, mas as pessoas se confundiam com tantos números e esqueciam quanto cada um devia e quem possuía o quê.

Foi então que, uns 5500 anos atrás, na cidade de Uruk, alguns gênios descobriram um jeito muito inteligente de lembrar números. Esses nerds de Uruk compreenderam que o cérebro humano não era bom o suficiente nisso. Assim, em vez de se esforçarem cada vez para guardar todos os números na cabeça, **inventaram um modo de guardá-los fora do cérebro!** Essa grande invenção tornou possível a formação do grande reino de Uruk e de outros reinos sumérios, como Lagash... e também de outros reinos muito maiores, como o Egito.

Você já deve ter adivinhado como os sumérios faziam para lembrar números fora do cérebro.

Eles os anotavam. Os sumérios inventaram a escrita.

BRINCANDO COM LAMA

A escrita é um método para guardar informações fora do cérebro. Os sumérios usavam **um pauzinho para gravar sinais em placas de argila macia.** Talvez tenham se inspirado nos pássaros que deixavam pegadas na margem úmida dos rios. Ou talvez tudo tenha começado quando algumas crianças sumérias estavam brincando com lama.

Da próxima vez que você chegar todo enlameado e levar bronca dos seus pais porque sujou a roupa, diga que brincar com lama foi provavelmente uma das coisas mais importantes que um ser humano já fez.

No começo os sumérios inventaram apenas **alguns sinais para representar números e alguns para indicar pessoas, animais, ferramentas, lugares e datas.** Inscrevendo esses sinais em uma placa de argila, conseguiam lembrar facilmente que uma pessoa devia seis cabras e outra devia dez. Conseguiam lembrar que uma pessoa pagou cem sacos de grãos em imposto este ano, enquanto outra não pagou seus impostos nos três últimos anos e agora devia trezentos sacos de grãos ao rei Lugal-Kinishe-Dudu.

Se os sumérios tinham sinais praticamente apenas para representar números, pessoas, cabras e grãos, você talvez se pergunte como eles escreviam livros de história, ficção científica, poesia e filosofia, certo? Bem... eles não escreviam. **Eles não inventaram a escrita para registrar poemas.** Foi para lembrar quanto cada um devia e quem possuía o quê.

ASSINADO: KUSHIM

Você já teve curiosidade de saber qual foi o primeiro texto já escrito? Se pensa que foi algum texto sagrado repleto de sabedoria antiga, vai se decepcionar bastante. As primeiras mensagens anotadas por nossos ancestrais eram mais ou menos assim:

As palavras nessa placa de argila foram escritas na cidade de Uruk mais de 5 mil anos atrás. Está escrito: "135 mil litros Cevada 37 meses Kushim". O que você acha que isso quer dizer?

Ao que parece, alguém chamado Kushim confirmou que uma quantidade de 135 mil litros de grãos de cevada foi recebida em um período de 37 meses. Kushim talvez tenha sido o nome de um indivíduo específico — e nesse caso **ele teria sido a primeira pessoa cujo nome chegou até nós**!

Todos os nomes da história antes desse são invenções modernas. Os neandertais não chamavam a si mesmos de neandertais.

Não sabemos que nomes eles se davam. Andita, Andorinha, Triguita e Lobo não são nomes reais do passado: são inventados. Mas quando os amigos viam Kushim nas ruas da antiga Uruk, provavelmente diziam:

— E aí, Kushim, tudo bem?

É muito interessante que o primeiro nome conhecido na história seja o de um nerd que passava o dia todo contando grãos, e não o de um grande conquistador, de um poeta ou de um profeta. Os primeiros textos da história não trazem ideias filosóficas, poemas ou histórias de reis e deuses. São documentos econômicos chatos que registram propriedades e pagamentos de impostos.

O fato de serem chatos diz muita coisa: ninguém precisava escrever as coisas emocionantes, pois as pessoas se lembravam delas perfeitamente. A escrita foi inventada para as coisas chatas.

A POETA E O CABELEIREIRO

Com o tempo, conforme a escrita ganhou importância, os sumérios quiseram escrever outras coisas além de listas de propriedades e impostos. Para isso, inventaram cada vez mais sinais. E com eles puderam então escrever poemas, livros de história e de lendas.

Os arqueólogos chamam o sistema de escrita sumério de "cuneiforme". É graças à escrita cuneiforme que hoje podemos ler não só listas de impostos da antiga Suméria, mas também poemas. O primeiro nome que conhecemos na história da poesia é o de uma mulher chamada Enreduana, que viveu na Suméria há uns 4250 anos. Arqueólogos encontraram 42 de seus poemas. Muito tempo atrás, Enreduana foi uma poeta famosa e muitos copiaram seus poemas. Estudiosos acreditam que até algumas passagens da Bíblia foram inspiradas em poemas dela. Essa história de "copiar e colar" existe faz tempo.

Conhecemos também a aparência de Enreduana, porque arqueólogos a identificaram em uma estátua que encontraram. A estátua retratava ainda alguns dos criados de Enreduana e até seu cabeleireiro, um homem chamado Ilum-Palilis. Ele é o primeiro cabeleireiro famoso da história!

A notícia da invenção da escrita se espalhou por várias partes do mundo, e a ideia foi considerada brilhante. Alguns povos, como os babilônios e os assírios, copiaram o sistema sumério e adotaram a escrita cuneiforme. Outros aproveitaram a ideia básica, mas **desenvolveram seus próprios sistemas de escrita**. Foi assim no Egito.

Talvez os egípcios não achassem a escrita cuneiforme bonita. Talvez sentissem inveja por não terem sido os inventores e quisessem mostrar aos sumérios que podiam fazer melhor. Ou talvez só se divertissem criando novos sinais. Seja como for, eles inventaram um dos mais belos e complicados sistemas de escrita de todos os tempos: os hieróglifos. E em vez de escrever com um pauzinho em uma placa de argila, escreviam com tinta em uma espécie de papel. **Fabricavam esse papel com uma planta, o papiro, e é daí que vem o nome "papel".**

Enquanto tudo isso acontecia na Suméria e no Egito, outros sistemas de escrita estavam sendo inventados a milhares de quilômetros dali, por pessoas que não sabiam nada sobre os caracteres cuneiformes nem sobre os hieróglifos. Os chineses criaram seu próprio sistema de escrita cerca de 3200 anos atrás, e um modo totalmente diferente de escrever foi inventado na América Central há uns 2900 anos.

Em todos esses lugares, pessoas escreviam poemas, lendas, livros de história e receitas. Mas, no mundo inteiro, **as coisas mais importantes que se registravam eram listas de propriedades e impostos.** E essas listas foram ficando cada vez mais longas. Com isso, surgiu mais um problema: como encontrar a informação necessária?

PROCURE NO GOOGLE

Quando guardamos informações no cérebro, podemos encontrá-las em uma fração de segundo. Temos milhões e milhões de coisas armazenadas no cérebro, mas conseguimos lembrar imediatamente o nome dos nossos primos, logo em seguida somos capazes de explicar o caminho de casa até a escola e depois ainda podemos dizer o nome dos nossos livros e filmes favoritos. Basta pensar na informação que queremos e — puf! — lá está ela.

Mas como encontrar informações guardadas em placas de argila, papiros antigos ou pedaços de papel modernos? Você levaria um minuto para percorrer vinte páginas e encontrar aquilo que deseja. Mas e se fossem 200 mil páginas?

Imagine que você vive no Egito antigo e tem seus grãos levados por engano por soldados que vieram ao povoado para punir uma pessoa que não pagou os impostos. Você grita que eles se confundiram. Afinal, seus impostos estão em dia.

— Pode provar? — os soldados perguntam.

— Hum... — Você pensa, pensa, e diz: — O coletor de impostos anotou meu nome e marcou "100 sacos de grãos" em um papiro.

— Certo — respondem os soldados. — Nos mostre esse papiro e devolveremos seus grãos. Até lá, ficaremos com eles.

E agora? Sem os grãos, sua família pode morrer de fome. Você precisa achar aquele papiro. Então você caminha do seu povoado até a cidade grande e chega a um prédio chamado Arquivo, onde o rei guarda todos os papéis importantes.

Você bate à porta do Arquivo, mas o guarda diz para voltar amanhã.

— Hoje é dia de inspeção, o Arquivo está fechado.

Você retorna no dia seguinte, mas o guarda informa:

— Hoje é feriado. Todos foram ao templo do deus crocodilo para festejar.

No terceiro dia o guarda diz:

— Sim, pode entrar, mas o funcionário encarregado dos registros de impostos não está. Comeu tanto pato assado no templo do deus crocodilo que ficou com dor de barriga.

No quarto dia você finalmente tem a chance de explicar sua situação e pedir para ver o documento com seu nome. O funcionário — ainda meio indisposto — leva você a uma grande sala com uma placa na porta: "Impostos". Ele abre a porta... e você arregala os olhos, desesperado. Lá dentro, em pilhas que chegam ao teto, há milhares e milhares de papiros.

Uma aranha teceu sua teia em cima de uma pilha. Uma família de camundongos mora na base de outra e encheu a papelada de cocô. Você vê uma traça roendo o papiro de uma terceira pilha — talvez esteja comendo o seu nome! Como é que você vai conseguir encontrar o documento correto antes que a traça o devore?

Apenas escrever as informações não basta. As pessoas precisam saber como *encontrar* as informações rapidamente. Para isso é preciso organizar arquivos e bibliotecas, criar catálogos e treinar funcionários que saibam como manter tudo em ordem e encontrar as informações buscadas.

Pense na internet. Ali há um verdadeiro universo de informações. Por exemplo, a

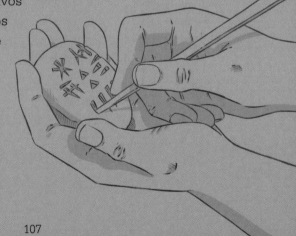

internet tem milhões de páginas, imagens e artigos relacionados a hieróglifos. **Mas toda essa informação seria inútil sem algo como o mecanismo de busca do Google.** Mecanismos de busca não criam informações, mas nos permitem encontrá-las ao toque de uma tecla.

Você digita "hieróglifos" no campo de busca do Google, aperta "Enter" e obtém, em menos de um segundo, milhões de resultados, apresentados em ordem de relevância. Você pode encontrar com facilidade verbetes de enciclopédia, fotos de textos antigos escritos com hieróglifos e até vídeos que ensinam a reproduzir hieróglifos.

Imagine se não existissem mecanismos de busca. Você ainda poderia navegar na internet. Se soubesse o endereço do site que quer consultar, poderia digitá-lo e acessar o conteúdo em uma fração de segundo. Mas, se não soubesse, precisaria tentar digitar endereços aleatoriamente e torcer para que um deles contivesse informações sobre hieróglifos... Isso não é nada eficiente! É como entrar **em uma sala abarrotada de papéis e procurar o registro dos seus impostos olhando páginas escolhidas ao acaso.**

Os nerds da Antiguidade na Suméria, no Egito e na China mudaram a história inventando a escrita, mas produziram uma mudança ainda maior inventando métodos eficientes de guardar e buscar informações. Esses métodos são chamados de "burocracia".

SUA MAJESTADE, A ESCRIVANINHA
—

A burocracia, como os impostos, assusta os adultos. Eles prefeririam passar um dia com três fantasmas e dois monstros a passar uma hora com um burocrata. A palavra "burocracia" vem do francês *bureau*, que significa "escrivaninha". Burocracia significa "controlar pessoas por meio de escrivaninhas".

Imagine alguém sentado a uma mesa cheia de gavetas. A pessoa pega um documento numa gaveta, outro em outra, depois os lê atentamente, escreve um novo documento e o guarda em uma terceira gaveta. Esse é um burocrata. **Muitas pessoas podem aprender a ler e escrever, mas os burocratas também sabem quais documentos estão em quais gavetas.** É seu poder secreto. Eles conseguem encontrar coisas — e fazer coisas desaparecerem. É assim que controlam pessoas.

A burocracia funciona como mágica. Em contos de fadas lemos sobre feiticeiros que podem criar ou destruir povoados inteiros proferindo feitiços. Burocratas criam ou destroem povoados mudando papéis de lugar. Um burocrata malvado pode fazer um povoado passar fome simplesmente guardando o papel com o registro dos impostos desse povoado na gaveta errada. Um burocrata do bem pode salvar o povoado encontrando o documento perdido ou deletando o nome do povoado da lista de impostos do rei. Uma canetada, e cem pessoas são salvas.

Alguns pensam que os poderosos governam todo mundo com espadas e canhões. É verdade que guerreiros com espadas e canhões são úteis para conquistar um reino. Mas quem quer governar um reino precisa de burocratas sentados à mesa movendo papéis de uma gaveta para outra.

POR QUE AS ESCOLAS TÊM PROVAS

Ao longo da história, a maioria das coisas foi organizada por burocratas. No Egito antigo, foram burocratas que organizaram a construção de barragens que protegiam as pessoas das cheias, a escavação de reservatórios que as protegiam de secas e o transporte de grãos que as protegiam da fome.

Ainda hoje boa parte das coisas é organizada por burocratas. Sem eles ninguém conseguiria construir estradas, aeroportos e hospitais. Até a sua escola é organizada por burocratas. Eles decidem quais crianças são admitidas e qual professor cuida de cada turma. Pagam os salários aos professores no fim do mês. Você já se perguntou por que precisa fazer provas? É porque os burocratas querem.

Os burocratas não leem suas respostas nas provas. Isso é tarefa dos professores. Mas seus professores geralmente lhe dão uma nota depois de cada prova, certo? Essas notas são números. E os professores mandam esses números para os burocratas, que os guardam numa gaveta e os usam para decidir muitas coisas sobre você.

Imagine que no ano que vem você queira mudar para uma turma de gênios da matemática ou para uma escola de música. Quem decide se você pode ou não pode? Algum burocrata pega todos os números sobre você na gaveta dele e, com base nesses números, decide: sim ou não. Você talvez ainda não saiba, mas muitas vezes seu futuro depende de burocratas e dos papéis que eles guardam em suas gavetas.

Portanto, burocratas são pessoas bastante poderosas. São o mais próximo que temos de magos e feiticeiros. Mas como alguém se torna um burocrata?

A INVENÇÃO DA ESCOLA

Na Suméria e no Egito antigos, quem quisesse ser um burocrata tinha de aprender a ler, escrever, calcular e buscar e encontrar informações. E para isso precisava ir à escola. Os sumérios e os egípcios criaram as primeiras escolas da história.

Arqueólogos encontraram um texto sobre um menino do Egito antigo chamado Pepy que detestava a escola. Ele era de família rica, e no Egito antigo só crianças ricas iam à escola. Mas Pepy não tinha noção do quanto era sortudo — achava a escola um tédio. Por isso, o pai de Pepy, Khety, teve uma conversinha com ele. Os arqueólogos hoje conseguem saber exatamente o que Khety disse.

Khety queria fazer Pepy perceber que havia coisas piores na vida do que ficar entediado, por isso contou a ele como vivia um agricultor comum.

— Um agricultor vive preocupado com suas plantações — Khety explicou. — Passa o dia carregando baldes com água do rio.

Carregar muito peso deixa suas costas curvadas e faz feridas em seu pescoço. De manhã ele tem de irrigar sua horta, de tarde, o pomar, e de noite, a plantação de coentro.

Depois Khety explicou que era pior ainda para quem não possuía plantações.

— Se você não tem uma plantação própria, tem que trabalhar na plantação de alguém. Um empregado assim normalmente sente dores o tempo todo. Anda maltrapilho, cheira mal e dá duro o dia inteiro, até seus dedos se encherem de bolhas. Os soldados do faraó levam o pobre homem para cavar valas e construir barragens. E qual a recompensa dele? Adoece logo e morre!

Pepy entendeu o recado e foi para a escola. **Melhor ficar entediado do que se matar de trabalhar.** É mais fácil escrever o que outros devem fazer do que você mesmo fazer. É mais fácil empunhar um lápis do que cavar valas.

ESQUELETOS NÃO MENTEM

Ao contrário de Pepy, a maioria das crianças do Egito não tinha opção. Em um lugar do Egito chamado Amarna, arqueólogos encontraram **um cemitério com mais de cem esqueletos.** Metade das pessoas enterradas ali tinha entre sete e quinze anos de idade, e em muitos desses esqueletos havia lesões na coluna, nos joelhos e nas mãos. Mesmo tão jovens, eles provavelmente trabalhavam com construção. Parecem ter sido escravos de um faraó chamado Aquenáton.

Aquenáton queria construir em Amarna uma nova capital, e tinha pressa para que a cidade se erguesse nas areias. Então seus burocratas escreveram cartas para diversos lugares ordenando que um grande número de trabalhadores viesse de todo o Egito para Amarna, e essas pessoas foram forçadas a trabalhar muito, muito rápido. Elas cortavam pedras enormes e **as arrastavam por quilômetros para construir casas, palácios e templos**

— tudo sob o sol ardente do deserto, com vários mosquitos e escorpiões e pouco alimento.

Muitos desses trabalhadores eram crianças que foram tiradas de sua família e nunca voltaram a ver seus pais. Quando morriam, um burocrata simplesmente ordenava que outra remessa de trabalhadores fosse enviada. É provável que os pais nem fossem avisados da morte de seus filhos.

Os burocratas de Aquenáton fizeram várias maldades, mas obviamente não queriam admitir isso. As pessoas não gostam de pensar que são más. Por isso, os palácios e templos da nova cidade foram decorados com belas pinturas retratando celeiros cheios de grãos, mesas repletas de comida e músicos tocando em um dos muitos banquetes do faraó. Inscrições gravadas por homens como Pepy elogiavam as coisas maravilhosas que o faraó fazia por seu povo e garantiam que no governo do faraó todos viviam felizes. Essas pinturas e inscrições contavam a história que o faraó queria ouvir... **mas os esqueletos no cemitério nos contam a verdade.**

No fim, se você quiser saber a verdade, não acredite em tudo o que lê em um texto ou vê em uma imagem. Para obter uma opinião honesta, é sempre melhor perguntar aos esqueletos. Eles não mentem.

4

OS SONHOS DOS MORTOS

VOCÊ MUDARIA AS REGRAS?

—

Se você fosse um dos escravos na construção da cidade de Aquenáton, o que faria?

Provavelmente ia querer parar de trabalhar tanto no meio do deserto e voltar para perto de seus pais. Só que as regras não permitiam isso. **Escravos não podiam ir a nenhum lugar sem permissão**, e ninguém autorizaria você a voltar para casa. Você poderia desobedecer às regras, mas isso seria muito perigoso. Se tentasse fugir, talvez fosse pego, espancado e até morto por soldados do faraó. Você tentaria mesmo assim?

Se você fosse um soldado do faraó, o que faria se visse um escravo tentando fugir?

Talvez sentisse pena dos escravos e quisesse deixar que fossem para casa. Você saberia que isso é contra as regras, mas não gostaria nem um pouco dessa regra. Você poderia pensar: "E se eu fingir que estava dormindo e não vi nada?".

Só que **cair no sono durante a vigília também era contra as regras**. Você temeria que, se um burocrata importante descobrisse, escreveria ao faraó contando que você tinha dormido em serviço ou que tinha permitido a fuga de um escravo. Aí o faraó ficaria tão bravo que transformaria você em escravo ou até mandaria matá-lo. Por outro lado, se você obedecesse às regras e capturasse o fujão, talvez o faraó o promovesse a capitão e aumentasse o seu soldo! Você deixaria mesmo o escravo escapar?

Se você fosse um burocrata importante e visse um soldado deixando um escravo escapar, o que faria?

Talvez pensasse que o soldado era bondoso e torcesse para que ele não fosse punido. Mas você saberia que aquilo era contra as regras, e saberia também que seu trabalho era informar quando alguém desobedecia a uma regra. "Eu poderia fingir que não notei ou que esqueci", você pode pensar.

Só que as regras diziam que **um burocrata devia prestar atenção a tudo** e escrever ao faraó sobre o que via. Além disso, o faraó teria ordenado que você terminasse a nova cidade o mais rápido possível. Se os escravos fugissem e a construção não acabasse logo, o faraó ficaria furioso, e esse provavelmente seria o fim da sua carreira.

Além do mais, você saberia que, se as pessoas desobedecessem às regras de que não gostavam, a situação podia sair do controle. Um soldado que decidisse ignorar uma regra e permitisse que um escravo fugisse poderia ignorar outra ordem no futuro, abandonar o exército no meio de uma batalha ou até vender segredos ao inimigo. E então, você delataria o soldado ao faraó?

E se você fosse o faraó? Mudaria as regras?

Talvez você ache que a escravidão é ruim e não goste de punir pessoas desobedientes dessa maneira. Mas teria medo do que poderia acontecer se você mudasse as regras de repente. **Levou centenas de anos para que o Egito fosse construído, e, para isso, 1 milhão de pessoas precisaram cooperar eficientemente.** Há uma razão para cada regra.

Por isso, se você mudasse as regras de repente, as pessoas talvez não soubessem o que fazer. Poderia ser que se recusassem a pagar impostos. Os soldados talvez parassem de obedecer às ordens. Ninguém construiria cidades, barragens e canais. O resultado

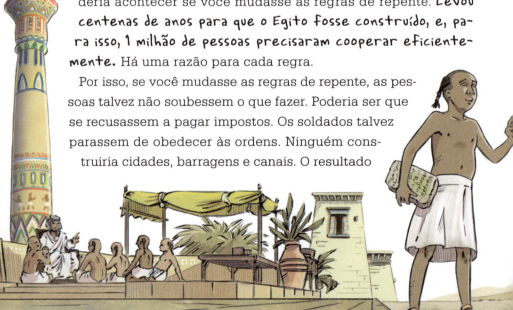

seria caótico! O reino inteiro entraria em colapso! Milhares de pessoas morreriam em guerras, enchentes, fomes coletivas. E tudo porque você se achou espertinho.

E então, você mudaria as regras? Mesmo quando os humanos obedecem a regras bastante injustas, nem sempre é fácil mudá-las.

A VIDA É ASSIM

Para construir reinos como o Egito antigo, muitas pessoas precisaram seguir muitas regras. Não eram só os escravos, os soldados e os burocratas que tinham de obedecer às regras: era todo mundo. Regras como "trabalhe bastante, tenha vários filhos, pague seus impostos... e faça tudo o que o rei mandar". **Quando as pessoas obedeciam às regras, havia ordem no reino.** Quando desobedeciam, era o caos.

Não era fácil fazer todo mundo obedecer às regras, especialmente porque grande parte delas era injusta. As regras tornavam algumas pessoas ricas, e outras se mantinham pobres. As regras diziam que meninos ricos iam à escola, meninas ricas ficavam em casa e meninos e meninas pobres trabalhavam nas plantações. **Essas diferenças entre as pessoas não tinham nada a ver com qualquer lei da natureza.** Não foi a gravidade que transformou alguns em escravos ou que proibiu meninas de irem à escola. Foram humanos que inventaram essas regras.

Imagine que o estudante Pepy encontrasse na rua uma menina trabalhadora de fazenda chamada Maat.

— Aonde você vai? — Maat pergunta.

— Para a escola, aprender a ler e escrever — Pepy responde. — Quando crescer vou ser um burocrata importante!

— Uau! — Maat exclama. — Também quero ir para a escola e me tornar uma burocrata importante. Mas, em vez disso, tenho de trabalhar na plantação. Hoje estamos colhendo cebola. E se trocássemos de lugar: eu vou para a escola e você vai colher cebola?

— Sinto muito, mas essas são as regras — Pepy explica. — Meu pai é um burocrata rico, então tenho de ir para a escola. Seus pais são agricultores pobres, então você tem de colher cebolas. Mas mesmo se os seus pais fossem ricos, você é uma menina! Não pode ir à escola. Tenho três irmãs e nenhuma delas vai à escola.

— Isso é tão injusto! — Maat protesta. — Quem inventou essas regras? Ninguém me perguntou se concordo com elas.

— A culpa não é minha — diz Pepy. — Só tenho dez anos. Eu também não inventei as regras. Já era assim quando nasci. Como os adultos dizem: "a vida é assim".

— Aff! A vida favoreceu você, né? — Maat resmunga.

NÃO TOQUE

Em muitos lugares as regras eram ainda mais rigorosas do que no Egito. Na Índia antiga, havia um grupo de pessoas conhecidas como "dalits" que eram vítimas de muitas regras horrorosas. Essas regras proibiam que as outras pessoas fossem amigas dos dalits ou mesmo que se aproximassem deles e tocassem neles.

Os dalits eram forçados a fazer os trabalhos considerados sujos na Índia antiga, como limpeza e coleta do lixo. Apesar de serem trabalhos importantes e difíceis, os dalits recebiam bem pouco por eles. Andavam maltrapilhos, comiam pouco. Ninguém queria morar perto deles, por isso precisavam construir suas cabanas fora das cidades e dos povoados.

As crianças dalits não iam à escola nem aprendiam a ler e a escrever. Outras crianças não as convidavam para suas casas, não partilhavam refeições com elas nem faziam amizade.

As pessoas tratavam muito mal os dalits. **Por outro lado, mostravam imenso respeito por um tipo diferente de grupo**: os sacerdotes, conhecidos como brâmanes. Eles geralmente eram ricos, tinham boas roupas e comiam bem. Executavam os melhores trabalhos, como servir em belos templos ou anotar quanto imposto cada um devia pagar. Seus filhos iam à escola (se fossem meninos). Os meninos brâmanes pensavam que eram melhores que todo mundo, certamente melhores que os dalits. Se uma menina dalit encontrasse um estudante brâmane na rua, não ousaria falar com ele.

Mas como alguém se tornava um dalit? Simples: as regras diziam que, se os pais eram dalits, o filho também era. Ninguém perguntava: "O que você quer ser quando crescer?". **Não importava quais talentos a pessoa tivesse, nem o que ela quisesse para sua vida**: ela iria limpar banheiros e andar maltrapilha.

E se a mãe fosse dalit e o pai fosse alguma outra coisa — um sacerdote brâmane, por exemplo? Aí a criança poderia escolher o que queria ser? Bem, isso nunca ocorria, pois havia outra regra que dizia que sacerdotes não deviam se casar com dalits nem ter filhos com eles.

Então o que acontecia se um garoto dalit se apaixonasse pela filha de um sacerdote? Azar o dele. Ninguém se importava com seu amor. Era preciso obedecer às regras.

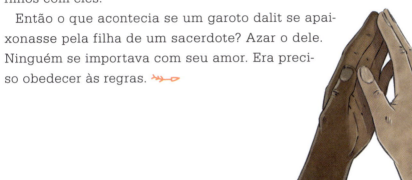

QUEM QUER UM PRESENTE?
—

Mas por que todo mundo seguia essas regras? Um modo de convencer pessoas a obedecer às regras era dar recompensas. Se você fizer o que seus pais pedirem, talvez eles lhe deem um biscoito. Só que esse método tem um grande problema: não há recompensas suficientes para todos. Se os seus pais tiverem de dar um biscoito para você toda vez que você fizer a lição de casa, um biscoito por levar o lixo para fora e um terceiro por mastigar os biscoitos anteriores com a boca fechada... eles precisarão de uma tonelada de biscoitos!

E quanto às coisas **ruins** que você **não** faz? Há 1 milhão de coisas ruins que você poderia fazer todos os dias, mas não faz. Não belisca seu irmãozinho, não deixa suas meias jogadas no meio da sala, não quebra a TV. Eles deveriam dar 1 milhão de biscoitos para você todos os dias?

Era assim com os faraós do Egito. Imagine se um faraó tivesse de dar um trigal para cada burocrata ou soldado que fizesse algo certo. Em pouco tempo faltariam trigais em todo o Egito.

Não. Recompensar alguém toda vez que obedecesse a uma regra não daria certo.

QUEM GUARDA OS GUARDAS?

Outra maneira óbvia de fazer as pessoas obedecerem às regras é punir quem as desobedece. É assim que agricultores controlam cavalos, vacas e touros: prendem os desobedientes em gaiolas, os amarram com cordas ou batem neles.

Os reis muitas vezes faziam exatamente isso com os agricultores. Se um lavrador roubasse um pato de um vizinho, o faraó mandava soldados prenderem o ladrão. O soldado amarrava o ladrão e lhe dava uma surra ou o trancava na prisão. Às vezes isso funcionava bem: outros agricultores viam o que tinha acontecido e começavam a pensar duas vezes antes de se apoderar do que não lhes pertencia!

Mas é impossível controlar todo mundo apenas com punições. Se você fosse o faraó, como sequer saberia quando um agricultor roubasse um pato? Não conseguiria vigiá-los o tempo todo — você viveria em um lindo palácio na capital e eles morariam em cabanas de barro em povoados distantes.

Você poderia pôr um soldado em cada cabana de barro para vigiar os moradores, mas isso seria bem difícil. Primeiro, onde conseguiria tantos soldados? E como teria certeza de que os próprios soldados não estivessem desobedecendo às regras? Imagine que seus pais vão a algum lugar e não possam vigiar você. Poderiam dizer à sua irmã mais velha: "Fique aqui e tome conta de tudo para nós". Mas como ter certeza de que sua irmã não vai ela mesma desobedecer às regras?

É a mesma coisa com os soldados. Se o rei puser um soldado em cada casa para garantir que as pessoas não roubem patos dos vizinhos, precisará então pôr um segundo soldado em cada casa para garantir que o primeiro soldado não roube patos. E quem garante que o segundo soldado não vá fazer algo errado?

Essa questão vem preocupando sábios durante toda a história da humanidade. Eles se perguntam: "Se temos guardas para manter a ordem, quem guarda os guardas?". A conclusão é que não é possível garantir a ordem somente com punições.

O SEGREDO DO PODER

O único modo de manter a ordem — em uma casa ou em um reino — é ter muitas pessoas que obedecem às regras de boa vontade, sem recompensas nem punições. Mas por que essas pessoas fariam isso? Porque acreditam nas regras. Esse é o segredo de toda ordem bem-sucedida: as pessoas obedecem às regras porque acreditam nelas.

Mas o que leva as pessoas a acreditarem nas regras? E mais importante: o que leva pessoas pobres, escravos e dalits a acreditar em regras que causam tanto sofrimento para eles?

A resposta é: histórias! Talvez você pense que não há utilidade em contar histórias, mas esse é o maior poder que os humanos possuem. É o nosso superpoder secreto! Ao convencer as pessoas a acreditar em regras, um bom contador de histórias pode fazer o trabalho de cem soldados de maneira muito mais eficiente.

Os humanos começaram a contar histórias bem antes do surgimento do Egito antigo e antes mesmo da Revolução Agrícola. Dezenas de milhares de anos atrás, os humanos já usavam histórias para unir vários bandos em uma tribo e estabelecer regras que todo membro devia seguir. Foi isso que tornou os humanos poderosos e permitiu que dominassem todos os outros animais.

Leões e lobos podem cooperar de vez em quando, mas só em grupos bastante pequenos. Não seria possível conseguir que mil leões trabalhassem juntos em alguma coisa, pois leões não contam histórias. Quando uma história inspirava mil humanos a formarem uma tribo, essa tribo era muito mais poderosa do que qualquer alcateia de lobos ou leões. **Uma tribo humana com uma boa história era a coisa mais poderosa do mundo.**

Depois da Revolução Agrícola, sacerdotes e chefes usaram histórias para convencer as pessoas a trabalhar, construir templos e vigiar muralhas. Conforme povoados cresceram e se transformaram em cidades, e tribos cresceram e se transformaram em reinos, as histórias também cresceram. Para tribos pequenas, pequenas histórias serviam, mas para criar reinos grandes era preciso uma grande história.

Cada grande reino tinha sua própria grande história, e ela justificava todas as regras. Se as pessoas acreditassem na história, acreditavam nas regras e as seguiam mesmo quando isso lhes trazia sofrimento e mesmo quando não havia soldados para vigiar e punir os desobedientes.

A PENA E O CROCODILO

Contar a grande história de um reino era um trabalho muito importante. O rei vivia ocupado governando e não podia passar o dia todo contando histórias. Então ele entregava a tarefa a um grupo especial de contadores de histórias: os sacerdotes.

Sacerdotes de vários reinos inventaram diversos tipos de grandes histórias. Mas a mais conhecida era sobre os grandes deuses que criaram o mundo e fizeram todas as regras. Sacerdotes do mundo todo contavam essa história, embora em cada reino ela fosse um pouco diferente. Pepy, o estudante egípcio, provavelmente ouviu uma versão em sua escola.

— Era uma vez um tempo em que não havia nada — disse o professor de Pepy. — E então os grandes deuses criaram tudo. Criaram o Sol, a Lua e o rio Nilo. Fizeram as árvores, os animais e os humanos.

— Eles também fizeram as aranhas? — interrompeu um menino que detesta aranhas.

— Sim, as aranhas também. E não fale antes de levantar a mão, senão apanha!

— Desculpe, professor.

— Onde eu estava? Ah, sim! Os grandes deuses criaram tudo! Fizeram os agricultores, os soldados, os sacerdotes e os escravos, e escolheram um rei magnífico e sábio para governar o reino. E criaram as regras que todos devem seguir. Ditaram essas regras às pessoas mais importantes: o rei e os sacerdotes. Então o rei e os sacerdotes apresentaram as regras a todos os outros e as registraram para que ninguém as esquecesse.

O garoto que tem medo de aranhas levantou a mão, mas o professor fingiu que não viu e continuou:

— **Quando as pessoas obedecem às regras, os deuses ficam felizes e protegem o Egito de enchentes, secas, fome e inimigos.** Quando desobedecem, os deuses ficam bravos e castigam o Egito com desastres.

— Aranhas, por exemplo?

— Não! Mais uma palavra sobre aranhas e você vai se arrepender! Desastres muito piores, como enchentes e secas. E os deuses, além de recompensarem e punirem o Egito como um todo, fazem isso com cada pessoa também.

O professor olhou para o menino das aranhas e disse:

— Depois que você morre, os deuses põem seu coração numa balança que tem uma pena no outro prato. Se você tiver obedecido às regras durante toda a sua vida, seu coração será mais leve do que a pena, e **os deuses deixarão você entrar em um lugar maravilhoso chamado Paraíso.** Mas toda vez que você desobedece a uma regra, como falar na aula sem levantar a mão, seu coração fica um pouco mais pesado. Se o seu coração ficar mais pesado do que a pena, você não será admitido no Paraíso.

— Então para onde eu vou? — perguntou timidamente o menino das aranhas.

— Ah... — disse o professor, baixando a voz. — Aí uma fera medonha come você. Ela tem lombo de hipopótamo, peito de leão e cabeça de crocodilo. O nome dela é Devoradora de Corações. Se você desobedecer a muitas regras durante a vida, a Devoradora de Corações devora você, e você sofrerá dentro da barriga da fera por toda a eternidade!

O menino das aranhas começou a chorar, e Pepy e todos os outros alunos tremeram de medo. O professor já tinha contado aquela história várias vezes, e sempre que os garotos a ouviam se esforçavam ainda mais para obedecer a todas as regras — afinal, ninguém queria ser devorado pela fera com cabeça de crocodilo.

Essa história sobre os deuses, a pena e a fera com cabeça de crocodilo foi muito importante. Sem ela, provavelmente o Egito antigo não teria sido formado. A história não era verdadeira: não existia uma fera com cabeça de crocodilo que devorava os mortos, e nenhum deus protegia o Egito contra enchentes, secas e fomes. Mas se as pessoas acreditassem na história e seguissem as regras, trabalhariam bastante e cooperariam na construção de canais, barragens e celeiros. E isso as protegeria de enchentes, secas e fomes.

TODA HISTÓRIA TEM SEU LADO SOMBRIO

Portanto, mesmo que a grande história não fosse verdadeira, acreditar nela manteve o reino forte. Mas a história também tinha um lado ruim. Ela justificava todas as regras injustas que causavam sofrimento a tantas pessoas. Depois de ouvir a história da fera com cabeça de crocodilo, Pepy tinha menos paciência com as reclamações de Maat, a menina agricultora. Se ela reclamava que as regras do Egito não eram justas, ele cortava logo a conversa:

— Cuidado! Essas regras foram feitas pelos grandes deuses. Você acha que os deuses são injustos? Sabe o que vai acontecer se você desobedecer às regras? Será devorada pela fera com cabeça de crocodilo! É verdade! Aprendi na escola!

— Que horror! — Maat exclamou, apavorada.

— Mas não se preocupe — consolou Pepy. — Os deuses amam você também. Sim, eles fizeram de você uma agricultora, mas lhe deram um trabalho importante: você cultiva os alimentos que sustentam todos nós. Se seguir as regras e fizer seu trabalho honestamente, seu coração será mais leve do que uma pena e você passará a eternidade no Paraíso. Não acha um bom negócio?

— É, não é tão ruim... — Maat concordou. — Tá, então preciso ir logo. Hoje vamos colher alho...

Foi assim que a história da fera com cabeça de crocodilo ajudou os egípcios a construírem seu reino e até fez com que os pobres do reino aceitassem seguir as regras. É claro que nem todos os pobres acreditavam na história. Mas muitos, sim — afinal, todo mundo à sua volta parecia acreditar, inclusive as pessoas mais importantes que conheciam.

A BOCA DO GIGANTE

Fora do Egito, poucos acreditavam nessa história ou nem sequer a conheciam. "Fera com cabeça de crocodilo? Coração em um prato da balança e uma pena no outro? Quanta bobagem!" Só que essas pessoas tinham outras histórias. Por exemplo, na Índia, quando um sacerdote brâmane queria justificar as regras indianas a meninos brâmanes na escola, contava uma história sobre os deuses e um gigante:

— No princípio não existiam pessoas no mundo — disse o sacerdote brâmane. — Nem o Sol nem a Lua existiam. Só havia um gigante chamado Purusha.

— Coitado do gigante — comentou um menino. — Devia ser muito chato.

— Era chato mesmo! — o sacerdote concordou. — Então, para tornar o mundo mais interessante, os deuses dividiram Purusha em várias partes pequenas. Criaram o Sol com o olho de Purusha, e a Lua com o cérebro dele. Decidiram fazer gente também, então criaram um tipo de pessoa com a boca de Purusha. Elas eram muito inteligentes e habilidosas para falar e contar histórias. Vocês sabem quem eram?

— Sim! — disseram todos os alunos. — Nós, os brâmanes!

— Isso mesmo — aprovou o sacerdote, sorrindo. — E quem os deuses criaram com os braços musculosos de Purusha?

— Os guerreiros! — recitaram em coro os alunos.

— E com as coxas de Purusha?

— Os comerciantes e agricultores!

— Vocês são muito inteligentes. Sabem todas as respostas. E finalmente os deuses pegaram os pés do gigante, a parte mais baixa e mais suja do corpo, e os transformaram em pessoas também. Quem eram essas pessoas?

— Os servos! — responderam os alunos.

— Certo! — exclamou o sacerdote, feliz porque todos os alunos se lembraram da história. — Portanto, pessoas diferentes foram feitas com diferentes partes do corpo do gigante. E como diferentes partes do corpo têm tarefas diferentes, pessoas diferentes têm tarefas diferentes na vida. Cada parte do corpo tem de fazer seu trabalho específico. Se os pés dissessem "Cansamos de andar. Queremos falar um pouco!", ou se o estômago dissesse "Cansei de digerir alimentos o dia todo. Quero enxergar!", o que aconteceria com o corpo?

Os alunos pensaram um pouco. Estavam em dúvida. A pergunta era uma pegadinha? Por fim, o menino mais inteligente respondeu:

— O corpo deixaria de funcionar.

— Exatamente! — disse o sacerdote. — Em um reino é a mesma coisa. Se todos os agricultores parassem de produzir alimentos e começassem a contar histórias o dia todo, ou se todos os que coletam lixo de repente se tornassem sacerdotes, o reino deixaria de funcionar. Portanto, cada um tem de fazer seu trabalho e se contentar com isso.

O sacerdote então ensinou aos alunos algo ainda mais importante:

— Depois que você morre, nasce de novo como um bebê. Mas sua nova vida depende de como você se comportou na vida anterior. Se obedeceu a todas as regras e fez seu trabalho sem reclamar, renascerá em um lugar melhor na próxima vida.

— Como um brâmane, então? — sorriram os meninos.

— Sim, sim. Mesmo quem é servo, se obedecer a todas as regras renascerá como um rico sacerdote brâmane! Mas quem desobedecer às regras renascerá como um servo pobre, mesmo que tenha sido brâmane na vida anterior.

O sorriso dos meninos desapareceu. Não gostaram da ideia de um dia serem servos.

— Estão vendo como tudo é justo? — concluiu o sacerdote. — Os ricos e poderosos só estão sendo recompensados pelas boas ações da vida passada. Os servos pobres estão sendo castigados pelas más ações. E até os servos têm uma excelente razão para obedecer a todas as regras. Se seguirem as regras nesta vida, serão brâmanes na próxima!

Era isso que os sacerdotes brâmanes diziam a todos. Não só aos meninos estudantes brâmanes, mas também a guerreiros, agricultores, servos e dalits, que eram considerados inferiores até aos servos. Assim, todos — inclusive pelo menos alguns dos servos e dos dalits — **acreditavam que as regras eram justas e deviam ser obedecidas**. Ainda hoje existem pessoas na Índia que acreditam nessa história.

E no seu país? Também existem histórias que justificam todo tipo de regra injusta?

IMPLACÁVEIS 2

O FEDOR MÁGICO

Algumas grandes histórias faziam mais do que justificar regras injustas: faziam as pessoas sentirem nojo. O nojo é um dos sentimentos mais básicos: todo mundo sente nojo de vez em quando, até os animais. Você geralmente sente nojo de coisas que causam doenças, como um alimento estragado ou uma poça de vômito. Mas assim que você nasce, não sabe o que é nojento. **As crianças pequenas aprendem a sentir nojo pondo tudo na boca.** Quando algo tem gosto ruim ou que lhe dá náusea, ela evita aquilo dali em diante.

Em certos casos você pode até, sem querer, sentir nojo de coisas boas. Por exemplo, se comeu banana e mais tarde teve dor de barriga, talvez você conclua que a banana causou a dor de barriga e comece a detestar até o cheiro de banana.

Você não aprende o que é nojento apenas com gostos ruins e dores de barriga, mas também com seus pais. Se eles vivem dizendo "Não coma caca de nariz, é nojento!", depois de ouvir isso mil vezes você começará a pensar que comer caca de nariz é nojento... e se um amigo fizer isso, você gritará: "Ecaaa, seu nojento!".

Ao longo de toda a história, os adultos ensinaram às crianças que certas pessoas eram nojentas. Muitos pais ricos diziam aos filhos:

— Não brinquem com os filhos dos criados! São sujos, fedorentos e têm doenças. Eles são nojentos!

Depois de ouvirem isso mil vezes, as crianças ricas começavam mesmo a pensar que os filhos dos criados eram nojentos. E se vissem seu irmão menor brincando com um filho de criado ou dividindo uma maçã com ele, gritariam:

— O que está fazendo, seu nojento?

Mas não foi só isso. Também inventaram uma nova noção do que era limpo e bonito. Falavam sobre uma beleza mágica que você não conseguia enxergar — só os deuses viam. Chamavam isso de "pureza". As pessoas puras eram belas aos olhos dos deuses. E obviamente isso significava que também existia uma nova noção de feio, sujo e fedorento. Uma espécie de fedor mágico que você não sente, mas os deuses, sim. Chamavam isso de "impureza". Se uma pessoa era impura, ela era vista como nojenta pelos deuses.

Não dava para ver a pureza com nossos olhos humanos, nem cheirar a impureza com nossos narizes. Então como saber quem era puro e quem era impuro? Era preciso confiar nos pais e professores, que por sua vez confiavam nos sacerdotes, que eram informados pelos deuses.

Os sacerdotes da Índia antiga diziam a todos:

— Os brâmanes são puros. Os dalits são impuros. Se eles se misturarem, os brâmanes também se tornarão impuros. Quando você abraça alguém sujo de lama, fica sujo também. Se abraçar uma pessoa impura, parte da impureza grudará em você.

As pessoas ouviam isso tantas vezes que acreditavam. Se um brâmane visse um dalit beber água em um copo, só de pensar em beber naquele copo já ficava com nojo. Mesmo se o dalit tomasse três banhos com sabão e vestisse roupas novas e limpas, ainda seria considerado impuro, e o brâmane tinha medo de que, se o dalit se aproximasse, ele também se tornasse impuro.

Histórias parecidas eram contadas em muitas outras partes do mundo, e **não só em tempos antigos**. Nos Estados Unidos da nossa era, pessoas brancas acreditaram durante anos que pessoas negras eram impuras e uma fonte de poluição.

Por isso, os negros foram proibidos de comer em restaurantes onde brancos comiam, dormir nos mesmos hotéis e estudar nas mesmas escolas. Também era contra a lei pessoas negras se casarem com brancas. Se um garoto negro convidasse uma garota branca para sair, os brancos ficavam tão bravos que às vezes matavam o rapaz só por causa disso. Por sorte, hoje a maioria dos estadunidenses não aceita a história horrorosa de que as pessoas negras são impuras, e quando um garoto negro e uma garota branca se apaixonam, podem se casar e viver felizes.

Mas **muitas outras histórias horríveis parecidas ainda são contadas hoje em dia.** Você conhece alguma história no seu país que diga que algumas pessoas são impuras e fedorentas e que você não deve brincar com elas nem comer o que elas comem?

MENINOS E MENINAS

Nem todos os países tiveram grupos como os dalits. Mas um grupo de pessoas que existe em todos os países, sem exceção, quase sempre sofreu com histórias perversas sobre pureza e impureza. Esse grupo compõe metade da população. **Estamos falando, obviamente, das mulheres.**

Muitos sacerdotes e professores em muitos lugares do mundo ensinavam que as mulheres tinham aquele tipo de fedor mágico de que os deuses não gostavam. Os sacerdotes diziam que era por isso que os deuses nem sequer falavam com mulheres. Só os homens, que eram puros, podiam falar com os deuses e informar para as pessoas o que os deuses disseram.

Isso justificou muitas regras injustas sobre as mulheres, regras que existiram por milhares de anos em vários países e que ainda existem em alguns até hoje. **As mulheres eram consideradas impuras** e por isso não podiam ser sacerdotisas nem ler os livros sagrados. Os deuses sentiriam nojo se elas fizessem isso. Por motivos parecidos, mulheres não podiam ir à escola nem ser juízas ou governantes.

Em certos lugares, elas não podiam nem sair de casa sozinhas. Se uma menina quisesse sair, precisava da companhia do pai, de um tio ou de um irmão. Se seu irmão dissesse não, ela teria de ficar em casa.

Mas se não podiam ser sacerdotisas ou governantes nem sequer sair de casa sozinhas, o que as mulheres podiam fazer? Tinham de fazer o que os homens mandassem. Aliás, em muitos lugares as regras diziam que as mulheres eram propriedade dos homens!

Mais ou menos na época em que animais como as cabras se tornaram propriedade e alguns humanos se tornaram escravos, **as mulheres também viraram propriedade**. Em muitos reinos as regras diziam que a filha era propriedade do pai, a irmã era propriedade do irmão e a esposa era propriedade do marido.

Se uma garota gostasse de um garoto, ela não podia simplesmente sair com ele. Não era ela que decidia quem ia namorar ou com quem ia se casar. Essa decisão era tomada por seu pai ou seu irmão.

Mas e se um garoto gostasse de uma garota e quisesse se casar com ela? Bem, ele não convidava *a moça* para sair — convidava *o pai dela*. Ele precisava convencer o pai a concordar com o casamento, **pois o pai era considerado o proprietário da moça**. Casar era como comprar um carro. Quando você quer comprar um carro, não precisa convencer o carro — precisa convencer o dono do carro, certo?

E como o rapaz convencia o pai da moça a concordar com o casamento? Talvez prometesse coisas como "Darei dez cabras pela sua filha!". Se o pai concordasse, não importava o que a moça sentisse. Mesmo se ela não gostasse do rapaz, tinha de se casar com ele.

Depois de casada, ela deixava de ser propriedade do pai. Passava a ser propriedade do marido. Em diversas línguas antigas, como o hebraico, **a palavra para "marido" é exatamente a mesma para "proprietário"**.

Por isso não é uma surpresa que muitos pais preferissem meninos a meninas. Quando havia uma grande fome na região e os pais não tinham comida suficiente para todos os filhos, às vezes davam as últimas migalhas de pão aos meninos, e as meninas acabavam morrendo por falta de alimento.

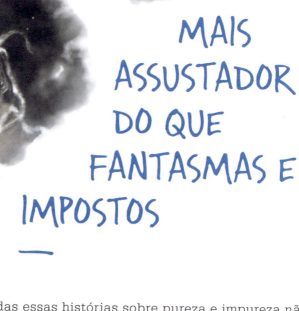

MAIS ASSUSTADOR DO QUE FANTASMAS E IMPOSTOS

Todas essas histórias sobre pureza e impureza não eram nem um pouco verdadeiras. Não existe fedor mágico que os deuses sentem e os humanos não podem sentir. Mas não era preciso que as histórias fossem verdadeiras para que fizessem sua parte. Elas só precisavam convencer um número suficiente de pessoas a seguir as regras. E como fazer as pessoas acreditarem nessas histórias? Um método importante era contar as histórias várias vezes. Se você contar uma história uma única vez, ela é apenas uma história. Se contar mil vezes, as pessoas pensarão que ela é verdadeira.

Os adultos geralmente acreditavam na grande história de seu reino porque a tinham ouvido muitas vezes. Mas e as crianças? Elas não conhecem história alguma quando nascem. Por isso os adultos se esforçavam ainda mais para contar a grande história a elas. No Egito, as crianças ouviam sem parar a história da Devoradora de Corações, enquanto na Índia os adultos repetiam a história do gigante Purusha.

Os adultos não estavam mentindo para as crianças de propósito. No Egito, na Índia e em outros reinos da Antiguidade, os adultos acreditavam mesmo que estavam dizendo a verdade para as crianças. Acreditavam nas grandes histórias porque as tinham ouvido um montão de vezes quando *eles* eram crianças. E acreditavam porque existe uma coisa que apavora os adultos mais do que monstros, fantasmas, impostos e burocratas. Os adultos têm pavor do desconhecido. Muitos preferem contar histórias esquisitas a admitir que não sabem alguma coisa.

VER A HISTÓRIA

Por isso, os adultos continuaram a contar as grandes histórias. Com elas sentiam-se amparados, e ficavam muito perturbados quando alguém duvidava do que contavam. Isso os deixava bastante inseguros.

Obviamente, apenas contar a história com palavras não era suficiente. Para que as pessoas acreditassem mesmo, **tinham de ver a história funcionar de fato em seu dia a dia.** Por exemplo, imagine que Pepy e seu pai estão andando na rua e um escravo maltrapilho vem na direção deles. Khety empurra o escravo e esbraveja:

— Saia do nosso caminho, seu tolo imundo!

Mais tarde, um sacerdote de túnica branca vem na direção deles e Khety o cumprimenta com educação, dizendo:

— Bom dia, excelentíssimo senhor!

De repente, Khety avista uma grande carruagem dourada escoltada por soldados que se aproxima depressa.

— Ah! O faraó vem vindo! — Khety exclama. Pega Pepy pelo braço e os dois pulam para o lado e se prostram de barriga no chão.

— Fique de cabeça baixa — ele sussurra para Pepy — e, aconteça o que acontecer, não olhe para cima! Ninguém deve se atrever a olhar o rosto do faraó!

Quando voltam para casa, Pepy já entendeu perfeitamente a história do Egito: o faraó acima de todos, os sacerdotes logo abaixo dele, **sua família no meio** e os escravos abaixo. Não são só palavras — ele viu com seus próprios olhos.

O PÉ DIREITO PRIMEIRO

Mas havia um problema. Algumas das partes mais importantes de cada história não podiam ser vistas nem tocadas. Pepy e os outros estudantes nunca tinham visto a fera com cabeça de crocodilo. Brâmanes e dalits nunca encontraram o gigante Purusha na rua. Os deuses que tinham criado o mundo estavam sempre nas conversas das pessoas, mas **como alguém podia ter certeza de que eles existiam de verdade** e não eram apenas imaginários?

Para resolver esse problema, reis e sacerdotes organizavam rituais. Em um ritual se usa alguma coisa que pode ser vista e tocada para fazer as pessoas acreditarem que esse objeto é aquela coisa imaginária de que fala a história. Por exemplo, imagine que um sacerdote contou ao povo de sua cidade sobre um grande deus que criou o mundo e fez todas as regras. Ele não podia mostrar o deus para o povo, certo? Então como as pessoas iam saber que ele não tinha inventado tudo? Pois bem: **o sacerdote providenciava um ritual**.

O sacerdote podia, por exemplo, pôr uma bela estátua do deus em um templo magnífico. Depois ele diria:

— Vocês poderão ver o deus quando forem ao templo. Mas devem demonstrar respeito. Primeiro, é preciso lavar cada parte do corpo. Inclusive atrás das orelhas! Devem vestir sua melhor roupa e sempre levar ao deus uma boa oferenda.

— O quê, por exemplo? — as pessoas perguntaram.

— Um bolo, talvez. Ou uma cabra. Ou um manto de tecido fino.

— Tá bem — eles disseram. — Levaremos um bolo.

— Esperem, tem mais — disse o sacerdote. — Vocês precisam deixar os sapatos fora do templo para entrar descalços. E entrar sempre com o pé direito primeiro! Quando virem o deus, ajoelhem-se, façam três reverências curvando o corpo e cantem o nosso cântico especial. Depois fiquem de pé, deem sete passos, ajoelhem-se de novo e façam sete reverências. Quando chegarem perto do deus, vocês têm permissão para tocar nos pés dele, mas nunca nas mãos nem na cabeça! É proibido!

— Puxa, isso não é fácil! — as pessoas comentaram. — Mas vale a pena fazer tudo isso para ver o deus. E aí poderemos falar com ele?

— Claro — o sacerdote respondeu. — Quanto tocarem em seus pés, podem orar para ele e pedir o que quiserem; por exemplo, que mande chuva ou cure uma doença. Mas quando saírem, nunca virem as costas para o deus. É preciso andar de costas por todo o caminho, ajoelhar-se e fazer uma última reverência e então sair do templo com o pé direito primeiro. Entenderam?

Todas essas instruções complicadas faziam com que as pessoas sentissem que visitar o deus era muito especial. Não podiam fazer isso todos os dias, então talvez fossem ao templo só em ocasiões específicas, como quando alguém adoecia e elas precisavam da ajuda do deus, ou quando nascia um bebê e elas queriam celebrar.

As crianças pequenas não compreendiam todos esses rituais e às vezes cometiam erros — esqueciam de lavar atrás das orelhas, por exemplo, ou entravam com o pé esquerdo primeiro, ou riam durante o cântico especial. Mas os pais sempre davam bronca, e assim elas iam aprendendo o quanto era importante se comportar bem em cada parte do ritual.

O PODER DO "COMO SE"

Talvez você não entenda o porquê de tudo isso. Obviamente a estátua era só um objeto de madeira, talvez revestido de ouro e prata. Não era tão diferente de outras coisas feitas de madeira, como uma cadeira comum. Mas você não lava atrás das orelhas nem tira os sapatos toda vez que se senta, nem entoa um cântico para cadeiras, certo?

Acontece que repetir o ritual várias vezes convencia as pessoas de que a estátua do deus não era como uma cadeira, mas sim algo muito, muito especial. Elas sentiam que, **quando viam e tocavam a estátua, era como se vissem e tocassem o deus**.

E se alguém perguntava como elas sabiam que seu deus existia, respondiam:

— Ora, ainda ontem eu o vi no templo e tive uma longa conversa com ele! Ele até realizou meu desejo. Pedi chuva, e veja só: está chovendo!.

— Ah, mas eu fui ao templo na semana passada e pedi para o meu filho ser curado, e ele continua doente!

— Talvez você tenha feito alguma coisa errada. Será que entrou com o pé esquerdo primeiro?

É assim que os rituais funcionam. **Fazem as pessoas pensarem que uma coisa é como se fosse outra.** Um pedaço de madeira revestido de ouro é como se fosse o deus que criou todo o universo.

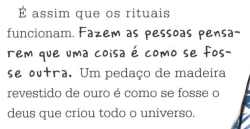

BANDEIRAS E CAMISAS

Talvez você ache ridículo acreditar que um pedaço de madeira em um templo é um deus, porém você provavelmente também tem rituais — todo mundo tem. É fácil rir dos rituais dos outros, mas você ficaria bravo se um estranho risse dos seus.

Rituais nos ajudam a acreditar nas grandes histórias que sustentam a sociedade, e eles são tão importantes hoje quanto foram no passado remoto. Por exemplo, hoje muitas pessoas ao redor do mundo têm imenso respeito pela bandeira de seu próprio país. Um país tem algo em comum com um deus: não pode ser visto nem tocado. Assim como os povos da Antiguidade faziam estátuas para ajudar todo mundo a acreditar em seu deus, os povos modernos fazem bandeiras para ajudar todo mundo a acreditar em seu país.

Cada país tem sua bandeira. Ao longo dos séculos, as bandeiras tiveram formatos variados, mas hoje todas são parecidas: pedaços de tecido retangulares com listras, estrelas e diversas formas geométricas coloridas. As bandeiras são feitas de tecido comum, exatamente como camisetas, porém **as pessoas executam os mais diversos rituais para dar a impressão de que sua bandeira é especial**. Em algumas escolas, as pessoas hasteiam a bandeira toda manhã. Antes da primeira aula, todos os alunos se reúnem no pátio (mesmo quando chove!), assistem ao hasteamento da bandeira, batem continência e talvez até cantem um hino.

Pessoas hasteiam sua bandeira em prédios importantes como escolas, delegacias de polícia e estádios. Muita gente também tem uma bandeira na frente de casa. Quando algo importante acontece — por exemplo, a seleção nacional de futebol vence a copa do mundo —, todo mundo comemora de bandeira na mão. Muitos soldados que vão para a guerra levam a bandeira com eles. E muitos soldados morreram para impedir que sua bandeira caísse nas mãos do inimigo.

Quando as pessoas fazem coisas assim repetidamente, começam a sentir que aquele pedaço de pano é especial de verdade. Ao olhar para aquele tecido colorido, é como se vissem seu país.

A maioria das pessoas também tem rituais pessoais. Por exemplo, você talvez tenha uma camiseta da sorte. Ela é feita do mesmo tecido que as outras camisetas, mas para você ela é mais importante. Você a guarda em uma gaveta e quase nunca a usa. Reserva para ocasiões especiais.

Quando você tem uma prova de matemática difícil, separa sua camiseta da sorte na véspera. E, assim que a veste, sempre tem de passar a mão direita primeiro. Se por engano começar com a mão esquerda, estraga tudo! Você sempre canta uma canção quando a veste. E talvez faça questão de que a camiseta só seja lavada aos domingos — se for lavada em outro dia, parte da sorte vai ser perdida.

Aí você faz a prova e, se tira uma boa nota, pensa: "Oba, a camisa funcionou! É mesmo poderosa!". Se tira nota ruim, pensa: "Droga, acho que comecei a vestir com a mão esquerda por engano, ou então não cantei direito a música. Ou talvez tenham lavado a camisa na segunda-feira? Eu deveria ter prestado mais atenção!".

Se você fizer isso diversas vezes, a camiseta torna-se mais do que uma camiseta. Passa a ser superespecial. Se alguém a roubar ou rasgar, você ficará muito chateado.

TRÊS TIPOS DE COISAS

Tanto no Egito antigo como no seu país hoje em dia, as regras muitas vezes são sustentadas por rituais e histórias. Sem histórias, nenhum reino antigo e nenhum Estado moderno poderia existir. Aliás, o mais estranho é que os próprios reinos e Estados são histórias. O Egito antigo foi uma história na qual Pepy, Khety, o faraó, os sacerdotes e os agricultores acreditavam. **Os países modernos também são histórias.** Seu país é uma história na qual você, seus pais, amigos e vizinhos acreditam.

É difícil acreditar que países são histórias... mas o que mais eles podem ser?

Existem três tipos de coisas no mundo. Vamos examinar cada tipo para ver onde os países se encaixam.

Primeiro, **temos as coisas que todos podem ver, ouvir ou tocar**, como pedras, rios e montanhas. Reinos e países não são como elas. Você não pode vê-los, ouvi-los nem tocar neles. Pense em algum país muito importante hoje — por exemplo, Estados Unidos. Você não consegue ouvir esse país. Ele não emite nenhum som. As vacas mugem, os cães latem... mas que som os Estados Unidos produzem?

Também não pode ver nem tocar os Estados Unidos. Pode ver uma bandeira estadunidense, tocar nela, mas é apenas um pedaço de pano colorido com treze listras e cinquenta estrelas.

Alguém talvez diga que os Estados Unidos são a terra que o país ocupa. Obviamente você pode ver a terra e ouvir o vento que passa sobre ela, e até nadar em seus rios, como o grandioso Mississipi. Mas a terra não é os Estados Unidos. O continente norte-americano foi formado 200 milhões de anos atrás. Os humanos só foram ocupá-lo há uns 15 mil anos. E mesmo depois de os humanos

chegarem, durante milhares de anos não existiram Estados Unidos. Naquela terra
viviam povos indígenas, como os
Sioux, e havia cidades como Cahokia.
Os habitantes de Cahokia sem dúvida viam
a terra, ouviam o vento e nadavam no Mississipi — mas nunca ouviram falar em um país chamado Estados Unidos.

Os Estados Unidos foram criados há apenas 250 anos... e naquele tempo o Mississipi ainda nem fazia parte dele! Talvez dentro de
um ou dois séculos os Estados Unidos desapareçam, mas a terra
ainda estará lá, o vento ainda soprará por ela, e o Mississipi conti-
nuará a correr por milhões de anos.

Portanto, os Estados Unidos do nosso tempo, o Egito antigo e todos os outros países não são o tipo de coisa que todos podem ver,
ouvir e tocar, como a terra e os rios.

COISAS QUE SÓ VOCÊ PODE SENTIR

O segundo tipo de coisa no mundo é o que você pode sentir,
mas ninguém mais pode ver nem tocar. Essas coisas existem
na sua mente.

Um bom exemplo é a dor. Quando você dá uma topada na mesa
com o dedão do pé e sente dor, é só você quem a sente. A mesa
não a sente, seu pai não a sente. Se você gritar "Ai!" e seu pai
quiser saber o que aconteceu, você terá que dizer a ele "Meu pé
está doendo!". Ele não consegue sentir. E um médico
também não vai sentir a dor. Terá de perguntar: "Ainda está doendo?". Você é o único no mundo que pode sentir essa dor.

Os sonhos também são exemplos de algo que existe na mente: você é a única pessoa que tem a expe-
riência do seu sonho. Se sua irmã vir você sacudindo

os braços enquanto dorme, como ela vai saber se no sonho você está nadando, voando ou regendo uma orquestra?

Algumas crianças pequenas têm um amigo imaginário que só elas podem ver e ouvir. Talvez a sua irmãzinha tenha um, e talvez ele até tenha um nome, algo como "Gogo". Ela conversa e brinca com Gogo, mas quando para de acreditar nele, ele desaparece, pois ninguém mais pode vê-lo nem o ouvir.

Reinos antigos e países modernos não são como a dor, os sonhos ou os amigos imaginários. Mesmo se você parar de acreditar no seu país, ele não desaparecerá, pois milhões de outras pessoas ainda acreditam nele.

SONHOS EM COMUM

Então o que são países? Não são algo que está no mundo exterior e todos podem ver e sentir, como o rio Mississipi. E não são algo que só uma pessoa pode ver e sentir em sua própria mente, como um sonho.

Países são o terceiro tipo de coisa: sonhos em comum, sonhos que muitas pessoas sonham juntas. E esses sonhos em comum são criados por meio de histórias. Uma história é contada a 1 milhão de pessoas e, se todas acreditarem, sonham juntas.

Se alguém deixa de acreditar em um desses sonhos em comum, tudo continua praticamente igual. Mas se milhões de pessoas pararem de acreditar, o sonho desaparece.

Reinos e países não são os únicos exemplos de sonhos em comum. Há muitos outros, como deuses e dinheiro. Sim, dinheiro! Pense: o que é um real? Você talvez pense que reais são de verdade, e não um sonho em comum. Afinal de contas, você pode segurar uma nota de dois reais na mão e ela pode ser vista, tocada e até cheirada. Mas é apenas um pedaço de papel, portanto nem deveria ter algum valor. Quando você sente fome, **não pode fazer pão com reais**. Se tiver sede, não pode fazer um suco de real, certo?

Então por que, quando você vai ao mercado e dá esse pedaço de papel a algum vendedor, ele concorda em dar em troca um pacote de farinha ou um abacaxi, coisas que você pode usar para fazer pão e suco? É porque uma história diz que esses pedaços de papel têm valor: um real é mais ou menos como se fosse um abacaxi. **A história do dinheiro é uma das mais importantes do mundo.** Milhões de pessoas acreditam nela, e por isso esses pedaços de papel se tornam de fato valiosos. Você pode usá-los para comprar quase tudo que quiser — desde abacaxis até naves espaciais.

Se um feirante de repente deixar de acreditar no real e não o aceitar como pagamento, isso não terá importância, pois milhões de outras pessoas ainda acreditam. Você só precisa ir até o mercado ou feira mais próximos comprar seu abacaxi. Mas se todos pararem de acreditar no real, ele perderá totalmente o valor. Esses pedaços de papel ainda existiriam, porém nem mesmo 1 milhão de reais seria suficiente para comprar um único abacaxi. Na melhor das hipóteses, você poderia usar seu milhão de reais como papel higiênico!

SONHOS MUITO DURADOUROS

O fato de que coisas como o real, os Estados Unidos e o Egito antigo são sonhos não significa que não sejam importantes. Na verdade,

esses sonhos em comum estão entre as coisas mais importantes e poderosas do mundo. Graças a eles, os humanos podem trabalhar juntos para construir cidades, pontes, escolas, hospitais.

Esses sonhos podem durar muito tempo, até mesmo milhares de anos. Pessoas morrem, mas seus sonhos continuam vivos, pois seus filhos e netos seguem com o mesmo sonho. **Poderíamos dizer que vivemos dentro dos sonhos de pessoas mortas.** Foram pessoas do passado, que já morreram, que sonharam primeiro com o dinheiro que usamos, com os países onde vivemos e com os deuses em que acreditamos. Poderíamos criar novos sonhos agora. Assim, um dia, quando estivermos mortos, as pessoas talvez continuassem a viver dentro dos nossos sonhos.

POR QUE HÁ GUERRAS?

Todos esses sonhos e histórias podem ser muito úteis. Se as pessoas não contassem histórias e não sonhassem juntas, nosso mundo seria muito diferente: estranhos não cooperariam, e os humanos provavelmente ainda seriam animais insignificantes vivendo na savana africana. Pessoas de reinos antigos não teriam construído barragens, represas e celeiros, e hoje não existiriam países, escolas nem hospitais. Não existiriam carros, aviões nem computadores.

Mas sonhos e histórias também podem fazer muito mal. Frequentemente justificam regras injustas, como aquelas que, em alguns países, dizem que homens são melhores que mulheres ou que brâmanes são melhores que dalits. Às vezes, alguns acreditam *tanto* em uma história que fazem guerras e matam milhões de pessoas só por isso.

Você já quis saber por que acontecem tantas guerras no mundo? Outros animais costumam brigar por alimento ou território. Por exemplo, se alguns chimpanzés famintos quiserem pegar figos em uma árvore e encontrarem ali chimpanzés de um bando vizinho, podem atacá-los e até matá-los. Humanos brigam por alimento ou território, mas essas quase nunca são as únicas razões. **Muitas guerras aconteceram por causa de histórias.**

Mais ou menos mil anos atrás, na Europa, sacerdotes cristãos contaram uma história medonha. Disseram que tinham recebido uma mensagem do grande deus cristão:

— Deus diz que ama a cidade de Jerusalém mais do que todas as outras cidades do mundo — os sacerdotes explicaram. — E está zangado porque essa cidade é governada por muçulmanos, em vez de cristãos. Por isso ele quer que cristãos sigam para o Oriente Médio e conquistem a cidade de Jerusalém. Deus promete que, se um cristão morrer nessa guerra, Ele o receberá no Paraíso, onde viverá na felicidade eterna.

Mas algumas pessoas não ficaram muito convencidas com essa história estranha.

— Espere aí — disse uma mulher. — Deus criou o mundo todo, certo?

— É claro! — responderam os sacerdotes.

— E ele pode fazer tudo o que quiser?

— Sim.

— E ele quer Jerusalém?

– Sim.

— Então por que ele mesmo não a pega para si? Por que precisa da ajuda de pessoinhas comuns como nós?

— Ah, é que, na verdade, Deus está sendo muito esperto: é um truque para ajudar pessoas a irem para o Paraíso. Deus não quer Jerusalém de verdade, ele quer dar às pessoas um caminho para o Paraíso — os sacerdotes explicaram.

— Não estou entendendo — persistiu a mulher. — Se Deus quer mais gente no Paraíso, qual é o impedimento? Por que ele precisa dessa guerra? Ele pode fazer tudo o que quiser, então por que não manda logo todo mundo para o Paraíso?

Os sacerdotes não tinham uma boa resposta para isso, então disseram:

— Deus é muito, muito esperto, e você não pode compreendê-lo! Melhor parar com essas perguntas difíceis e fazer o que ele manda... ou irá para o inferno.

Ao contrário dessa mulher, a maioria das pessoas acreditou no que foi dito, e várias delas fizeram a longa jornada até o Oriente Médio para tentar conquistar Jerusalém. A guerra durou muitos anos, e nela morreram milhões de pessoas. Essa guerra terrível, chamada de Cruzadas, aconteceu por causa de uma história.

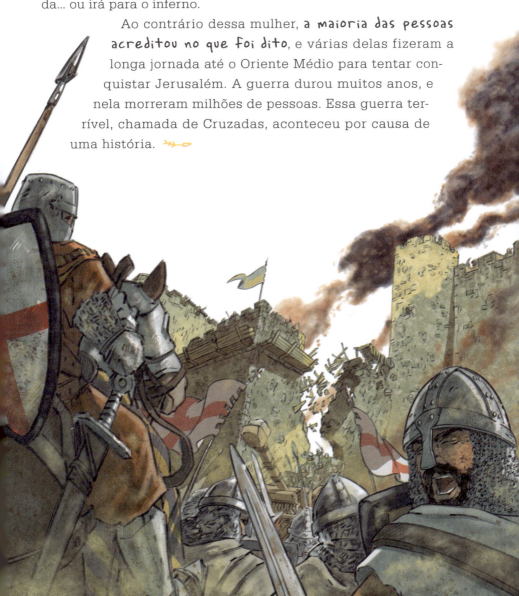

DESFAZENDO O FEITIÇO

As Cruzadas terminaram centenas de anos atrás, e hoje a maioria dos cristãos tem dificuldade para entender como seus ancestrais puderam acreditar nessa história tão estranha e aceitaram ir à guerra por causa dela. Sentem até vergonha deles por terem feito isso.

Por mais poderosa que uma história seja, e por mais que muitas pessoas acreditem nela, **em algum momento conseguimos entender que é apenas uma história**. Podemos estar presos dentro dos sonhos de pessoas mortas, mas há uma saída.

Histórias são ferramentas. Podem ser bastante úteis, mas se uma história faz pessoas sofrerem em vez de ajudar, por que não a mudar?

Assim, sempre que nos contarem histórias sobre coisas importantes e complicadas, devemos nos lembrar de fazer uma pergunta fundamental: "Alguém está sofrendo por causa dessa história?". Se percebermos que uma história causa muito sofrimento desnecessário, talvez possamos usar nosso superpoder de contar histórias para mudar essa história específica.

Até mesmo histórias em que as pessoas acreditaram por um longo tempo podem ser mudadas em poucos anos. Por exemplo, os mesmos sacerdotes cristãos que contaram a história das Cruzadas contaram outra história, dessa vez sobre o amor. Eles disseram:

— Deus diz que o amor entre um rapaz e uma moça é uma coisa maravilhosa. Mas se um rapaz se apaixonar por outro rapaz, ou se uma moça quiser se casar com outra moça, Deus fica muito zangado. Rapazes nunca devem ter namorados, e moças nunca devem ter namoradas. Isso é nojento!

As pessoas acreditaram nessa história por centenas de anos. Acreditavam tanto que, se descobrissem que seu filho ou filha era gay, podiam enlouquecer de raiva. Alguns pais espancavam o filho ou filha, alguns os expulsavam de casa. E outros até matavam o filho ou a filha **só porque ele ou ela havia se apaixonado pela pessoa considerada errada.**

Era como se um bruxo do mal os tivesse enfeitiçado. De que outra maneira poderíamos explicar pais abandonando ou até matando os próprios filhos? E parecia que o feitiço nunca seria desfeito.

Mas algumas pessoas corajosas usaram seu superpoder de contar histórias para resistir ao feitiço e fazer questionamentos:

— Se dois homens se amam, ou se uma mulher quer se casar com outra mulher, o que há de errado nisso? Não estão prejudicando ninguém. Mesmo se existir um grande deus lá no céu, com certeza ele castiga pessoas por coisas ruins como crueldade, violência e ódio. Por que um deus bom castigaria alguém por uma coisa boa como o amor? Não faz sentido.

Depois de séculos acreditando que ser gay era ruim, **bastaram apenas algumas décadas para desfazer o feitiço** e mudar a mentalidade das pessoas. Obviamente isso não foi fácil e exigiu uma coragem tremenda.

Uma pessoa que ajudou a desfazer o feitiço foi um adolescente americano chamado Aaron Fricke. Ele cresceu na cidadezinha de Cumberland, no estado de Rhode Island, onde as pessoas acreditavam que ser gay era algo nojento, impuro e do mal. Por isso, Aaron não podia contar a ninguém que era gay, nem mesmo a seus pais e a sua irmã. Temia ficar sozinho pelo resto da vida.

Um dia ele conheceu outro estudante de sua escola que também era gay, um garoto chamado Paul. Quando a escola organizou seu baile anual da primavera, **Aaron teve um ato de imensa coragem**: convidou Paul para ser seu par no baile. Alguns jovens o atormentaram por isso, e o diretor da escola disse que Aaron não podia levar Paul — motivo que levou Aaron a entrar com uma ação na Justiça contra o diretor. O juiz determinou que Aaron e Paul tinham o direito de ir juntos ao baile como qualquer outro casal.

Isso aconteceu em 1980 e virou notícia: TV, rádio, jornais e pessoas de todo o país comentaram o assunto. Hoje, na maior parte dos Estados Unidos, nenhum jornalista se interessa quando dois rapazes saem para namorar. Graças a Aaron e a pessoas como ele, agora isso é apenas algo normal.

Alguns outros países, como Irã e Uganda, ainda punem gays por amar. Na Rússia, o governo proíbe as crianças de ler histórias sobre garotos gays como Aaron e Paul. Ou seja, se você fosse uma criança russa, **estaria proibido de ler este livro!** Mas a maioria dos países que proibiam garotos de ter namorados e garotas de ter namoradas cancelou essas regras. Hoje, em muitos países — como Suécia e África do Sul —, dois homens ou duas mulheres podem se casar. As pessoas pensam no que aconteceu com Aaron e Paul e ficam chocadas que apenas algumas décadas atrás quase todos acreditassem em uma história tão sem sentido e perversa.

A HISTÓRIA DAS MULHERES

Talvez a história que mais mudou nestes últimos tempos seja a que era contada sobre as mulheres. Por milhares de anos, no mundo todo, as pessoas acreditaram que as mulheres eram inferiores aos homens e nunca poderiam ser sacerdotisas, professoras ou governantes. Se uma menina perguntasse:

— Como sabem que uma mulher não é capaz de fazer essas coisas?

As pessoas responderiam:

— Ora, olhe em volta! Não existem mulheres sacerdotisas, professoras ou governantes, certo? Isso prova que as mulheres são impuras, estúpidas e fracas!

— Mas isso é ridículo! — a menina protestaria. — Não existem mulheres sacerdotisas, professoras ou governantes porque **não é permitido!** Se as meninas não têm permissão nem para ir à escola, como uma mulher poderia ser professora?

Infelizmente essa foi a situação por milhares de anos. Só umas poucas mulheres conseguiram se tornar professoras, sacerdotisas e até governantes — como Cleópatra, no Egito, e Catarina, a Grande, na Rússia —, mas foram raras exceções.

Ainda hoje várias religiões afirmam que mulheres são impuras e não permitem que se elas sejam sacerdotisas. Mas na maioria dos lugares a situação enfim começou a mudar, e agora as meninas vão à escola como os meninos. Existem muitas mulheres professoras, acadêmicas e juízas. Algumas até se tornaram presidentas e primeiras-ministras, provando que mulheres podem governar um país tão bem quanto homens.

Por causa de ações corajosas de muita gente no mundo, a história das mulheres mudou. Uma dessas pessoas é Malala Yousafzai, que nasceu em 1997 na cidade de Mingora, no Paquistão. Quando Malala tinha onze anos, sua cidade foi atacada por um grupo de fanáticos chamado Talibã.

Uma das crenças dos talibãs é que deus criou os meninos como superiores às meninas e ficaria muito zangado se elas fossem à escola. Por isso o Talibã proibiu que as meninas de Mingora fossem à escola e explodiu mais de cem colégios que admitiam meninas!

Mas Malala amava estudar e decidiu continuar indo à escola, apesar de ser perigoso. Também decidiu falar contra o Talibã: começou a escrever um blog sobre sua vida, deu entrevistas a jornais e até apareceu na televisão. Disse que as meninas deveriam poder ir à escola e que nenhum deus proibiria meninas de estudar — que isso era só uma história inventada por homens raivosos. Disse que as meninas eram tão boas quanto os meninos e que seria bom para todos se elas pudessem ser professoras e médicas.

Malala foi incrivelmente corajosa ao fazer isso. Arriscou a vida, e continuava a dizer às pessoas: "Uma criança, um professor, um livro e um lápis podem mudar o mundo".

Um dia, quando Malala tinha quinze anos, um homem fez seu ônibus escolar parar, foi até ela, sacou um revólver e lhe deu um tiro na cabeça. No mundo todo as pessoas ficaram horrorizadas com esse ataque e torceram para que Malala se recuperasse. Ela se tornou uma das adolescentes mais famosas do mundo. No Paquistão, mais de 2 milhões de pessoas assinaram uma petição exigindo que as meninas fossem autorizadas a ir à escola, e mais tarde o Parlamento paquistanês aprovou isso em uma lei.

Malala se recuperou do ferimento e começou a viajar pelo mundo para ajudar meninas a estudarem. Ela escreveu um livro sobre sua vida que vendeu milhões de exemplares. Foi convidada para encontrar o presidente dos Estados Unidos e muitos outros líderes importantes. Recebeu um valioso prêmio internacional chamado prêmio Nobel da Paz quando tinha apenas dezessete anos — a pessoa mais jovem a ganhá-lo.

Graças a pessoas como Malala, **hoje quase todos os países aceitam que as meninas devem ir à escola tanto quanto os meninos.** E o mais importante: agora é óbvio que essa história velha sobre as mulheres não era verdadeira — era uma tremenda bobagem. A grande questão é: por que tanta gente acreditou nessa história ridícula por milhares de anos?

ESCUTE BEM

Histórias são a mais grandiosa das invenções humanas. Dominamos o mundo graças a elas. Elas nos tornam muito mais poderosos que chimpanzés, elefantes e cães. Mas também podem ser nosso maior inimigo. Se nos esquecermos de que são uma criação nossa, podemos nos tornar prisioneiros delas. **Quando milhões de pessoas acreditam em uma história perversa, é como se estivessem presas em um pesadelo sem poder escapar.** Por isso, temos um grande problema. Se acreditarmos cegamente em qualquer história que ouvirmos, começaremos a fazer coisas horríveis, como atirar em meninas que desejam ir à escola ou matar milhões de pessoas em guerras desnecessárias. Por outro lado, se simplesmente deixássemos de acreditar em todas as histórias, isso não criaria um mundo perfeito — seria o caos.

Não existe solução fácil. Você ouve muitas histórias enquanto vai crescendo, e uma parte importante de crescer é aprender quais histórias continuar contando, quais mudar e quais abandonar.

Nisso as crianças têm uma grande vantagem: ainda não ouviram as histórias tantas vezes. Se aos dez anos você ouvir a história sobre a fera crocodilo devoradora de corações ou aquela sobre o real, talvez pense: "Sério?! Isso é só uma história doida em que os adultos acreditam". Aos cinquenta, terá ouvido a história milhares de vezes, e talvez até já tenha contado aos seus filhos. Aí fica muito mais difícil mudar seu modo de pensar.

Portanto, **se uma história ruim precisar ser mudada, provavelmente as crianças é que farão isso.**

Então você tem uma grande responsabilidade — e uma grande oportunidade. E lembre: se não tiver certeza de quais histórias precisam ser mudadas, faça a seguinte pergunta importante: essa história causa sofrimento a alguém?

Se uma história causa muito sofrimento, tenha cuidado com ela. O melhor é conversar com alguém que esteja sofrendo por causa dela e pedir que conte **sua própria história**. Depois, abra sua mente e seus ouvidos… e escute.

QUANDO HISTÓRIAS SE ENCONTRAM

—

Agora você sabe por que o mundo nem sempre é justo — e várias outras coisas: por que as escolas têm provas, como brincar na lama mudou a história para sempre e por que os impostos assustam os adultos. Como os cães se tornaram nossos melhores amigos, como muitas vezes **os planos não têm o resultado esperado** e como alguns humanos são mais como formigas e outros mais como cigarras. Sabe como ouvir esqueletos, quem foi a primeira poeta e que crocodilo usa coroa e brincos de ouro. Como alguns humanos se tornaram reis e outros foram escravizados. Sabe por que pessoas como o faraó Aquenáton conseguiram mandar em 1 milhão de humanos e por que todo mundo começou a obedecê-las.

Você sabe que essas situações injustas tiveram alguma relação com plantas e animais. Por milhões de anos **nossos ancestrais viveram em grupos pequenos e raramente tentaram controlar alguém**. Coletavam plantas e caçavam animais, mas não diziam às plantas e aos animais o que fazer. E nenhum humano dizia a outros humanos o que fazer.

Mas nesses últimos 10 mil anos os humanos criaram cidades e reinos cada vez maiores e se tornaram cada vez mais mandões. Aprenderam a controlar plantas e animais, e alguns aprenderam também a controlar todos os outros humanos.

E você sabe que tudo isso foi possível graças a histórias, e que as histórias se tornaram maiores e mais complicadas. Enquanto histórias pequenas serviam para tribos pequenas, os grandes reinos precisaram de histórias grandes e complicadas sobre coisas como a fera devoradora de corações, o gigante com cérebro que virou a Lua e um fedor mágico que só deuses podem sentir. Pessoas obedeceram a grandes reis como Aquenáton e seguiram regras tremendamente injustas por causa das histórias em que acreditavam.

E essas histórias eram diferentes em cada país. No Egito, as pessoas seguiam as regras egípcias, porque acreditavam na história egípcia. Na Índia, seguiam as regras indianas, porque acreditavam na história indiana. Os chineses tinham regras e histórias totalmente diferentes, e os japoneses também.

Então o que acontecia quando um egípcio encontrava um indiano, ou quando um chinês encontrava um japonês? **Como pessoas de lugares diferentes faziam para concordar em alguma coisa?** Será que estrangeiros encontravam alguma história na qual todos acreditavam? Ou só brigavam o tempo todo?

Hoje você pode viajar quase pelo mundo inteiro e em toda parte muitas das regras são as mesmas. Em toda parte as pessoas jogam futebol com as mesmas regras. Em toda parte podemos usar dinheiro como o real para comprar abacaxis. E em toda parte as pessoas param no sinal vermelho. Como foi que isso aconteceu? Como algumas histórias e regras se espalharam por todo o planeta?

Bem, essa é outra história. 🖐

AGRADECIMENTOS

Quantos "pais" um livro tem? Você pode achar que a resposta é um (o escritor), ou mesmo dois (o escritor e o ilustrador). Na verdade, são necessárias muitas, muitas pessoas para um livro existir, não só as pessoas cujos nomes você vê na capa. Tanta gente em tantos lugares diferentes se dedicou muito a este livro, fazendo coisas que eu não conseguiria nem saberia fazer. Sem a ajuda deles, *Implacáveis* não existiria.

Algumas pessoas precisaram checar se as informações estavam corretas e passaram meses lendo artigos científicos sobre inúmeros assuntos, de cães primitivos a deuses antigos. Outras pensaram bastante sobre a mensagem exata de cada frase: é isso que queremos que os leitores saibam sobre história? Algo poderia ser mal interpretado? Poderia magoar alguém? Houve ainda as pessoas que se encarregaram do estilo do texto: esta frase está clara? Conseguimos deixá-la ainda melhor? E não preciso nem falar das ilustrações. Algumas das imagens deste livro foram refeitas dez vezes até estarem perfeitas.

Escrever uma só frase ou fazer uma só ilustração já envolveria muitos e-mails, ligações e reuniões. Alguém precisava coordenar todos os e-mails, as ligações e as reuniões. Havia ainda contratos para assinar, salários para pagar, sem falar na comida — ninguém consegue trabalhar sem comer, certo?

Quero agradecer a todo mundo que ajudou a "cocriar" este livro comigo. Eu definitivamente não teria feito esta obra sem essas pessoas, e agradecer por essas contribuições faz com que o mundo seja um lugar um pouco mais justo.

Ricard Zaplana Ruiz desenhou todas as lindas ilustrações que dão vida à história humana contada neste livro.

Jonathan Beck lutou por este projeto desde o primeiro dia e nos ajudou a torná-lo realidade.

Susanne Stark me ensinou a ver o mundo a partir da perspectiva dos jovens e a escrever com mais simplicidade, clareza e profundidade do que eu achava que era capaz.

Sebastian Ullrich leu e releu meticulosamente cada palavra e garantiu que nossa tentativa de escrever uma história envolvente e acessível não comprometesse o rigor científico.

E o pessoal da Sapienship, nossa prata da casa, que, com criatividade, profissionalismo e paciência tornou este livro possível — liderado por Naama Avital, um CEO brilhante. São eles: Naama Wartenburg, Ariel Retik, Nina Zivy, Jason Parry, Hanna Shapiro, Shay Abel, Daniel Taylor, Michael Zur, Jim Clarke, Zichan Wang, Corrine de Lacroix, Dor Shilton, Guangyu Chen, Nadav Neuman, Tristan Murff, Galiete Katzir, Anna Gontar e Chen Avraham. Houve ainda o suporte extra de Friederike Fleschenberg, da C.H. Beck; de sua talentosíssima editora Adriana Hunter; e da consultora de diversidade Slava Greenberg. Todos da equipe contribuíram para este projeto.

Também quero agradecer a minha querida mãe Pnina, minhas irmãs Einat e Liat, e meus sobrinhos Tomer, Noga, Matan, Romi e Uri — sou grato por todo o amor e apoio de vocês. E estimarei para sempre a bondade e a alegria da minha avó Fanny, que faleceu aos cem anos, enquanto eu escrevia esta série.

Por fim, e mais importante, agradeço a meu implacável marido Itzik, que sonhava com este livro havia muito tempo, que cofundou a Sapienship comigo para que este e outros projetos saíssem do papel e que tem sido minha inspiração e minha melhor companhia ao longo do século XXI.

Yuval Noah Harari

Dedico este trabalho a Javier, Jorge e Carlos, meus irmãos, e Isabel e Francisco, meus pais.

A todos os *Homo sapiens* companheiros de profissão, obrigado pelos ensinamentos e pela amizade.

A todo o time de profissionais que compõe a Sapienship, obrigado pela ajuda e pela orientação durante todas as etapas do processo criativo.

E, é claro, a Yuval Noah Harari, por confiar nas minhas ilustrações e permitir que elas viajassem pelo mundo com seu texto.

Ricard Zaplana Ruiz

SOBRE ESTE LIVRO

No primeiro volume de *Implacáveis*, acompanhamos as aventuras dos humanos desde quando éramos símios na savana africana, com medo de guepardos e hienas, até nos tornarmos os animais mais poderosos do planeta, capazes de caçar ursos enormes e mamutes. No segundo volume, exploramos como os humanos conseguiram controlar animais como cachorros, galinhas e vacas — e como algumas pessoas também aprenderam a controlar outras pessoas. Por que alguns humanos se tornaram reis e rainhas e outros tiveram de limpar palácios e lavar roupas para os poderosos? Qual o sentido de existirem reis e palácios?

A história humana é vasta e fascinante. É por isso que há milhares de anos buscamos entender de onde viemos. Podemos aprender sobre a vida de pessoas da Antiguidade a partir do que elas deixaram para trás: ruínas de palácios antigos, um vaso quebrado, um osso de um esqueleto ou até os cadernos de estudantes que viveram há milhares de anos. Este livro abarca eventos dos quais temos muitas evidências — e, sim, isso inclui cadernos antigos! Ele também abrange fatos sobre os quais há pouca evidência. Os cientistas preenchem essas lacunas com hipóteses bem fundamentadas. Há muitas coisas que não sabemos e há muitos pontos de divergência entre os cientistas. Este livro se baseia nas descobertas mais recentes, mas nossos conhecimentos sobre o passado estão em constante evolução, à medida que descobrimos novos palácios antigos e novos esqueletos.

Para apresentar as descobertas científicas mais recentes de forma simples e divertida, este livro às vezes se utilizou de diálogos fictícios entre personagens fictícios. Essas conversas, claro, nunca aconteceram. Os eventos descritos por elas, entretanto, de fato aconteceram — e ajudaram a moldar o mundo em que vivemos hoje.

MAPA-MÚNDI DA HISTÓRIA

 • Emergência da escrita

 Plantações e domesticação animal

 A marca FSC® é a garantia de que a madeira utilizada na fabricação do papel deste livro provém de florestas que foram gerenciadas de maneira ambientalmente correta, socialmente justa e economicamente viável, além de outras fontes de origem controlada.

Esta obra foi composta em Egyptienne e impressa pela Gráfica Eskenazi em ofsete sobre papel Alta Alvura da Suzano S.A. para a Editora Schwarcz em abril de 2024.